유진 피터슨 _「현실, 하나님의 세계」(IVP) 저자

"예배에 대한 경외와 기술에 대한 존중을 함께 갖춘 책이다. 이 주제를 신중하고 섬세하게 다루는 이 책은 오늘날 모든 예배 인도자를 위한 필독서다. 핵심적이고 꼭 필요한 지혜를 담고 있다."

박철순 _ 예배 인도자 · 어노인팅 미니스트리 대표

"우리가 하나님을 예배할 때 유용하다고 생각했던 것들(악기, 장비 등)이 예배에 방해물이 될 수도 있다. 예배에 무엇인가가 첨가될 때 중요한 것은, 그 요소가 본질을 잃지 않고 목적한 바에 합당하게 사용되고 있는가 하는 것이다. 이 책은 오늘날 테크놀로지 예배에서 경계해야 할 점과 교회에서 이런 기술적인 면에 대해 간과하고 있는 부분을 지적하고 올바른 방향성을 제시한다. 특히 목회자와 전문 기술직에서 예배를 섬기는 이들에게 유용한 자료가 될 것이다."

신국원 _ 총신대학교 신학과 교수

"교회마다 앞다투어 멀티미디어를 예배에 도입하고 있지만 정작 제대로 사용하는 경우는 많지 않다. 그 결과 값비싼 장비와 기술이 오히려 예배를 방해하는 일이 일어나곤 한다. 이 책은 바로 그 문제를 파헤치고 있다. 탁월한 커뮤니케이션 학자인 저자는 전문가적 식견은 물론 목회적인 통찰로 예배 인도자가 미디어 기술에 대해 갖추어야 할 핵심적 지혜를 제시하고 있다."

천관웅 _ 제자교회 찬양목사 · 디사이플스 리더

"수천 년 간 기독교 예배는 신자들만의 전유물처럼 여겨졌고 '기독교적인 것'은 불신자들에겐 높은 벽이 되어 왔다. 이런 현실에서 저자는, '예배'에도 하이테크 시대를 살아가는 영혼들에게 꼭 맞는 서비스적 접근이 필요하다

고 목소리를 높이고 있다. 물론, 하이테크의 활용이 예배를 퍼포먼스로 전락시킬 우려도 있지만, 효과적인 활용은 영혼들을 하이터치 예배로 이끈다는 것을 저자는 강력하게 피력한다. 최고의 서비스가 최고의 예배와 반드시 대립되는 것만은 아님을 고전으로부터 현대 사상가들의 견해에 이르기까지 총망라해 설득력 있게 전개해 나가는 본서는 '미래 교회 예배'의 모델과 방향성을 제시해 주기에 충분한 교과서 같은 책이다."

하정완_꿈이있는교회 담임목사 · 영화예배 "아이즈" 설교자

"세상과 만날 수 없는 진부한 형식이나 복음을 잊은 겉만 화려한 형식의 예배는, 하나님과의 대화여야 할 예배를 가난한 커뮤니케이션에 이르게 하였다. 기술은 하나님을 섬기는 청지기의 역할임을 잊지 않는 이 책은 예배와 기술의 조화에 대해 고민하는 이들에게 매우 탁월한 안내서가 될 것이다."

코넬리우스 플랜팅가 주니어_칼빈 신학교 총장

"왜 저자가 커뮤니케이션과 기술 분야의 대가로 존중받는지 이 책을 통해 다시 한 번 확인할 수 있다. 이 짧고 강력한 책이 가진 지혜란!"

로버트 웨버_「살아 있는 예배」(예본) 저자

"저자는 기술의 거부와 기술의 과용 사이에 중용의 길을 열어 보인다. 그의 조언은 기술 사용자들에게 개선책이자 지침이 되어 줄 것이다."

예배의 본질을 회복하는

하이테크 예배

| 퀸틴 슐츠 지음 · 박성창 옮김 |

Ivp

IVP(InterVarsity Press)는
캠퍼스와 세상 속의 하나님 나라 운동을 지향하는
IVF(InterVarsity Christian Fellowship)의 출판부로서
생각하는 그리스도인을 위한 문서 운동을 실천합니다.

Copyright ⓒ 2004 by Quentin J. Schultze
Originally published in English under the title *High-Tech Worship?*
by Baker House, a division of Baker Publishing Group
Grand Rapids, Michigan, 49516, U. S. A.
All rights reserved.

Korean Edition ⓒ 2006 by Korea InterVarsity Press
156-10 Donggyo-Ro, Mapo-Gu, Seoul, 04031 Korea

High-Tech Worship?

Using Presentational Techologies Wisely

_Quentin J. Schultze

삶이라는 예전에서 어떻게 성실하게
춤출 수 있는지를 보여 준 바바라와,
복음에 발맞추어 춤추도록
도와준 잭 로다 목사님께.

차례

감사의 글　11

머리말　15

1. 우리의 혼란　19
2. 예배란 무엇인가　33
3. 공예배와 기술　55
4. 기술은 손쉬운 해결책이 아니다　69
5. 기술을 예배에 조화시키기　85
6. 기술의 청지기　105
7. 권위와 자질　121
8. 지혜롭게 나아가기　133

주　143

감사의 글

내게 통찰력과 조언 그리고 지혜를 준 많은 이들에게 어떻게 감사를 표해야 할지 모르겠다.

칼빈 기독교 예배 연구소(Calvin Institute of Christian Worship)의 소장인 존 위트블리트(John D. Witvliet)는 내가 이 분야에 발을 들여놓도록 열정적으로 격려하였다. 크리스텐 버헐스트(Kristen Verhulst), 신디 홀트롭(Cindy Holtrop), 캐시 스미스(Cathy Smith), 베티 그리트(Betty Grit), 조이스 보르거(Joyce Borger), 리사 밴더 몰런(Lisa Vander Molen) 그리고 에밀리 쿠퍼(Emily Cooper)를 비롯한 많은 다른 직원들도 도와주었다. 릴리 장학회(Lilly Endowment)는 예배 연구소를 통하여 연구비를 지원해 주었다.

또한 루이스빌 연구소(Louisville Institute)의 전(前) 부소장 데이비드 우드(David Wood)에게 특별한 도움을 받았다.

역시 예배 연구소의 자금 후원으로 이뤄진 스티브 코스터(Steve Koster)의 설문 조사는, 미국 교회들이 기술을 어떻게 사용하고 있는지를 이해하는 데 도움이 되었다. 이 책에 그 결과의 일부를 실었다.

2003년 여름, 칼빈 기독교 예배 연구소와 칼빈 기독교 학문 세미나는 기술과 사역에 관련된 일주일 간의 워크숍을 후원하였다. 다음 참가자들은 관용과 분별력을 가지고 원고를 검토해 주었다. 공동 지도자인 두앤 켈더만(Duane Kelderman), 롭 레드만(Robb Redman), 리 자크만(Lee Zachman) 목사님, 토머스 드브리즈(Thomas DeVries), 버니 배커(Bernie Bakker), 잭 딕(Jack B. Dick), 데이비드 하일만(David L. Heilman), 닐 매더스(A. R. Neal Mathers), 브라이언 풀러(Brian Fuller), 토니 코우만(Tony Koeman), 브렌트 왓싱크(Brent Wassink), 더그 톰슨(Doug Thompson), 릭 올링(Rick Wolling), 크리스토퍼 이즈(Christopher Eads), 백미영, 비 캘러리(Bea M. Callery), 데이비드 보우덴(David Bowden)과 알리다 반 딕(Alida van Dijk) 등이다.

봅 호삭(Bob Hosack), 채드 앨런(Chad Allen), 쉐릴 반 안델(Sheryl Van Andel)과 베이커 북하우스의 브라이언 브런스팅(Brian Brunsting)은 유능한 편집자들과 디자이너로서 섬겨 주었다.

칼빈 대학교의 게일런 바이커(Gaylen Byker) 총장과 나의 학과장인 랜달 비트워크(Randall Bytwerk)는 후원과 우정으로 나를 축복해 주었다. 커뮤니케이션 기술과 과학 학과의 유능한 조교인 이본 포스트휴마(Yvonne Posthuma)는 기쁨과 즐거움으로 섬겨 주고 있다.

나에게 중요한 조언을 해준 또 다른 동료들과 친구들로는 헬런 스터크(Helen Sterk), 론다 우스터호프(Ronda Oosterhoff), 토드 존슨(Todd

Johnson), 에밀리 브린크(Emily Brink), 아일린 호락(Eileen D. Horak), 더그 로렌스(Doug Lawrence), 폴 밴더 클레이(Paul Vander Klay), 뵵 킬리(Bob Keeley), 제임스 즈와이어(James Zwier), 딘 클래더(Dean Kladder), 폴 디터만(Paul E. Detterman) 목사님, 마크 쉠퍼(Mark Schemper), 신디 드 종(Cindy de Jong), 론 린스트라(Ron Rienstra), 로라 스미트(Laura Smit), 더그 브라우어(Doug Brower) 그리고 에드 실리(Ed Seely)가 있다.

아내 바바라는 은혜 안에서 사는 법을 내게 보여 주었다. 하나님이 아내의 영혼을 축복하시기를 원하며, 그녀의 마음에 삶이라는 춤에 대한 열정을 빚어 주신 삼위일체 하나님을 찬양한다.

머리말

OHP는 볼링장에서부터 교실과 예배실에 이르기까지 모든 곳에서
빠짐 없이 사용되고 있다.[1] _로버트 필립스

9개월 간의 안식년 기간 동안 나는 아내와 함께 플로리다 서부에서 지냈다. 우리는 여러 교단의 다양한 예배에 참석하기 위해 매주 다른 교회를 방문하였다.

우리는 대부분의 교회들이 스크린에 투사된 간단한 글자나 이미지에서부터(예를 들면 파워포인트 프레젠테이션) 영화의 한 장면이나 자체 제작한 비디오에 이르기까지 다양한 **프레젠테이션 기술들**을 사용하고 있음을 발견하고 놀랐다.

그러나 애석하게도, 제대로 된 생각을 가지고 이러한 기술을 활용하는 경우는 별로 없어 보였다. 어떤 시각적 프레젠테이션은 그 구도와 디자인이 너무 형편없어 미학적으로는 영점에 가까울 정도였다. 또 어떤 것들은 예배의 주제나 성경 본문과 상관없이 만들어졌다. 때때로 찬

양 가사들은 읽기 어려웠고 음악의 흐름에 맞추어 제때에 나오지 않았다. 최악의 경우, 이러한 프레젠테이션들은 예배의 흐름을 방해하였다. 하나님이 아닌 스크린에 관심을 쏟게 함으로써 전체 **예전**(liturgy, 예배드리는 '행위')을 방해하였다.

게다가 때로는 스크린의 위치가 값진 예전적 작품을 가리거나 건축양식 및 내부 장식과 충돌하곤 했다. 가끔 화면이 예배의 초점이 되었다. 한 시간 동안 화면을 쳐다보는 것이 예배가 되어 버렸다.

"어떻게 이런 일이 일어날 수 있는가?" 나는 그 해에 여러 번 이 질문을 되뇌었다.

다행히도 우리는 몇몇 교회에서 훌륭하고 영감 있는, 그리고 적절히 사용된 예배 프레젠테이션을 경험할 수 있었다. 그 중에는 예산이 매우 한정되어 있는 작은 교회도 있었다. 그 안식년 동안 우리는 훌륭한 것에서부터 평범한 것에 이르기까지 다양한 하이테크 예배가 혼재된 양상을 목격하였다.

프레젠테이션 기술은 예배를 좋게 만들 수도 있으며 동시에 나쁘게 만들 수도 있다. 프레젠테이션 기술을 현명하게 사용하는 열쇠는, 기술 그 자체를 목적으로 하지 않고 더 값진 목적을 위해 기술을 예배에 잘 이용하는 데 있다. 기술을 위해 기술을 이용하지 말고 훌륭한 예배를 돕는 목적으로 사용해야 하는 것이다.

오늘날 많은 대형 산업체들이 예배에 전자 제품, 나아가 디지털 프로젝트 기술을 사용하라고 홍보하고 있다. 이러한 산업체들은 때때로 자기들이 제공할 수 있는 것 이상을 약속하곤 한다. 새로운 커뮤니케이션 기술들은 언제, 왜, 어떻게, 그리고 얼마나 잘 사용하느냐에 따라 커뮤니케이션을 향상시킬 수도 있고 방해할 수도 있다. 단지 장비를 사서 설치한다고 해서 예배가 자동적으로 개선되는 것은 아니다.

인간의 본성상, 새로운 기술들이 주는 축복이란 복합적이다. 우리 시대의 가장 커다란 아이러니 중의 하나는 새로운 커뮤니케이션 기술들이 우리가 **교제하는** 것, 즉 서로를 알아 가고 사랑하는 일을 점차 더 어렵게 한다는 사실이다. 우리에게는 그럴 시간이 없다. 우리는 어떤 기술이나 메시지에서 그 다음 단계로 나아가느라 너무 바쁘다. 어떤 교회들은 예배에서 이러한 광적인 속도를 단순히 따라갈 뿐이다.

최근에 어느 교회에서 설교를 한 적이 있는데, 그 교회에는 수십 년 동안 예배실에 들어오는 사람들을 맞이해 온 커다란 나무 십자가 바로 위에 대형 프로젝트 스크린이 설치되어 있었다. 나는 그 스크린이 사람이 사닥다리 위에 올라가서 수동으로 접어야만 접히고, 동력으로는 움직이지 않는다는 점을 발견하고는 놀랐다. 그 날 저녁 예배 때 부를 찬송가 장수를 게시판에 적고 있던 두 청년은, 그 스크린을 좀처럼 접지 않는다고 말해 주었다. 나는 "그렇다면 스크린 뒤에 있는 십자가는 어떻게 하나요?"라고 물었다. "네. 예배 중에 스크린 아랫 부분에 작은 십자가를 투사해서 그 문제를 해결했지요"라고 그들은 대답했다.

그 때 스크린 앞 천장에 달려 늘어져 있는 성가대용 마이크가 눈에 들어왔다. 내가 "저 마이크는 프로젝트가 켜져 있을 때 그림자를 만들지 않나요?"라고 물었다. 그러자 한 청년이 "그렇긴 하죠. 그러나 우리는 익숙해요"라고 대답했다.

그 교회는 최신의 기술을 가지고 21세기로 들어가려고 노력하는 교회였다. 그 용기에 감사를 표한다. 하지만 나는 그 교회가 21세기로 나아가기 전에 몇 가지 근본적인 문제들을 해결하지 않았다는 데 실망했다.

우리는 보통 다음과 같은 이유 때문에 이러한 문제에 빠지게 된다. 첫째, 우리는 너무 빨리 혁신을 단행한다. 둘째, 가장 중요한 목적을 놓친다(앞의 경우에서 가장 중요한 목적은 하나님을 예배하는 것이다). 마지막으로, 우리는 기술을 지혜롭게 사용하기 위해 여러 사람들과 그들의 재능을 활용하지 않는다.

교회 신자들이 함께 성찬상에 둘러설 때면, 나는 예배가 늙은이와 젊은이, 새 신자와 기존 신자, 키가 큰 사람과 작은 사람, 기술적으로 노련한 사람과 서투른 사람 모두를 위한 것이라는 사실을 다시 확인한다.

예배에서 기술을 잘 사용하는 방식에 대한 지혜는 다양한 관점을 요구하기 때문에 나는 이 책에서 이러 저러한 사람들의 목소리에 귀기울일 것이다.

이 책의 주제는 예배 기획과 순서, 진행 등과 관련된 **예전적** 지혜가 프레젠테이션 기술 사용을 결정해야 한다는 것이다. 찬양과 감사로 하나님에 대한 사랑을 표하고자 하는 예배의 청지기로서, 우리는 기술을 참되고, 의미 있고, 하나님을 영화롭게 하는 예배에 **활용해야** 한다. 하나님에 대한 사랑은 모든 참된 예배의 기본이다(요 4:23). 기술은 그러한 사랑을 더욱 풍성하게 하는 도구가 되어야 한다.

high-tech worship 1
우리의 혼란

> 세상에서는 극장이 예배의 대상이지만 기독교 세계에서는 교회당이
> 예배의 대상이다. 이 둘에 차이가 있는가?[1] _쇠렌 키에르케고르

 기술의 과잉을 현명하게 비판해 온 이반 일리히(Ivan Illich)는 수년 간 앰프를 필요로 하는 장소에서 연설하기를 거부했다. 즉 일리히는 마이크 사용을 거부했다. 마이크를 통해 폭넓은 청중을 상대할 수는 있지만 덜 인간적인 커뮤니케이션으로 이어지는 경향이 있다고 생각했기 때문이다. 그는 비인격적인 커뮤니케이션을 지양하고 인간 사이의 '쾌활한' 대화를 촉구했다.[2]

 일리히의 주장은 지나치게 반(反)기술적인 면이 있지만, 새로운 기술들을 어떻게 적절히 사용할 것인가를 분별해야 한다는 주장에는 일리가 있다. 현대 사회에서 기술 혁신은 그 자체로 생명력을 지녀서 마치 더 빠르고, 더 인상적이고, 더 효율적인 기술이 항상 더 나은 것인 양 여겨진다.

우리의 하이테크 생활

기술 사회 속에서 살아가는 우리는 새로운 기기들을 잘 사용하는 방법을 거듭거듭 배워야 한다. 나는 매일 컴퓨터를 사용하지만 컴퓨터가 어떻게 작동하는지, 그리고 작동하지 않을 때는 어떻게 해야 하는지 항상 잘 알고 있는 것은 아니다. 나는 커뮤니케이션 기술들의 기술적인 측면과 비기술적인 측면을 이해하기 위해 분투한다. 어떤 때는 실패하고 좌절하기도 한다. 내 의사를 다른 이들에게 잘못 전달하거나 그들의 기분을 상하게 하는 실수를 저질러, 그들을 슬프게 한다.

또한 우리는 인터넷부터 시작해서 휴대폰과 음성 메시지, 위성 텔레비전에 이르는 온갖 종류의 신기술들을 통해 메시지 세례를 받는다. 우리 삶에서 메시지의 속도는 지속적으로 빨라져 한 메시지를 받고 나면 곧장 또 다른 메시지를 확인해야 하며, 그 결과 사람들과 함께하는 시간은 갈수록 줄어들고 있다. 어떤 사람들은 우리가 '멀티태스킹'을 배우고 있다고 말하면서 즐거워하지만 그것은 다소 낙관적인 견해처럼 보인다. 어떤 관찰자는 "우리의 몸은 움직이고 있지만 그 움직임은 광란적이다. 우리 사회 어디를 보더라도 수많은 사람들이 동시에 너무나 다양한 방향으로 끌려가고 있는 걸 알 수 있으며, 그 결과 누구도 현재의 순간에서 평화롭게 살 수가 없다"라고 쓰고 있다.[3]

점차 우리는 다중 매체와 다중 메시지, 그리고 다중 혼란의 삶에 직면하고 있다. 이러한 사실은 삶의 속도를 늦추고 과연 우리가 얼마만큼의 하이테크적인 삶을 원하는지 재고하게 만들 것이다. 교회는 무분별한 혁신에 기여하고 있는가? 구체적으로 하이테크 '진보'를 추구하기만 하면 예배는 더 나은 것인가? 예배는 본질상 하이테크를 줄이고 하이터치(high-touch)를 더욱 추구해야 하는 것이 아닌가? 아니면 겸손하고, 신중하며, 아름다우면서, 하나님을 기쁘시게 하는 그러한 하이테크 예배가 설 자리가 있을까? 나는 그렇다고 생각한다.

예배와 기술

예전적 의식(예배 순서를 정하고 예배를 드리는 방식들)을 개혁하는 것과 없애는 것은 보통 구분하기가 쉽지 않다. 어떤 예배 인도자들은 자신들은 '예전을 사용하지 않기' 때문에 교회에서 프레젠테이션 기술을 사용하는 것이 쉽다고 말한다. 그들이 정말로 말하고자 하는 것은 교독과 공동 기도, 사도신경 암송과 같은 **공식적인** 예전 관행들에 의존하지 않는다는 것이다.

모든 공예배는 적어도 은연중에 예전에 기초하고 있다. "주님이 함께하시길 바랍니다"라는 인사를 "좋은 아침입니다"와 같은 더 단순한 것으로 바꿀 수는 있지만 그 회중은 여전히 예전에 참여하고 있는 것이다. 예전은 신자들이 예배를 드리기 위해 함께 행하는 모든 '일'로 이루어져 있다. 신자들이 인사, 고백, 축하, 확증, 선포, 헌금, 축도 등을 행하는 **방식**이 예전이다.

교회는 예배가 교인들의 삶과 관련을 맺고 의미 있는 것이 되도록 하기 위해 시간이 지나면서 예전들을 수정해 간다. 그러나 예전적 행위들을 '혁신하면'(즉, 과거와 아무런 연결성 없이 위에서부터 아래로 대대적인 변화를 추구하면) 예배를 해체하게 될 뿐 아니라 심지어는 어

프레젠테이션 기술
프레젠테이션 기술은 작은 공간뿐만 아니라 강당이나 스타디움같이 큰 공간에서 스크린을 통해, 노래 가사와 같은 정적인 이미지를 비롯해 비디오와 같은 동영상까지 볼 수 있게 해준다.

떻게 예배하는지까지 잊어버릴 위험이 있다. 게다가 시간이 검증하고 성경적으로 확증된 예전적 행위들이 있다면(나는 있다고 믿는데), 비록 우리가 새로운 문화적 환경에 맞게 예전을 적절히 재편성해 간다 하더라도 그러한 예전적 행위들을 경시해서는 안 된다. 어떤 회중은 오래된 예배 방식을 제거함으로써 훨씬 더 나은 예전적 행위를 발견할 수도 있다. 그럼에도 불구하고 모든 공예배는 어느 정도의 공동 기억과 공동체적 의식(儀式, 반복적으로 이루어지는 관행들)을 요구하는데, 기술 사회는 이 두 가지를 구식 내지는 억압적인 것으로 무시하는 경향이 있다.

나는 예배에서 모든 프레젠테이션 기술들을 제거해야 한다고 제안하는 것은 아니다. 예배는 대단한 기술이 아닐지라도 항상 인간의 기술과 테크닉에 어느 정도 의존한다. 예배자들은 오랫동안 원자재를 가지고 성배, 스테인드글라스, 초, 향, 십자가와 같은 예배 용품들을 만들어 왔다. 예배는 반드시 예전적이면서 **동시에** 기술적인 것이다.

오늘날의 하이테크 환경에서 우리가 직면하는 문제들은 사실 매우 오랜 역사를 지니고 있다. 어떤 종류의 예전적(그리고 기술적) 관행들이 예배에 가장 적합한가?—**언제, 어디서, 어떻게, 누구를 위해, 누가, 왜 해야 하는가?** 이러한 질문들에 답하기 위해 우리는 기술**과** 예배의 의미를 이해해야 한다. 우리는 전통(성경과 교회사에 나타나 있는 과거 예배의 원리들)과 다른 문화(복음이 활발하게 전해지고 있고 성령의 역사를 통해 교회가 성장하고 있는)를 대할 때 모두 실용주의적 성향(지금 당장 '효과가 있는' 것을 하라)을 극복해야 한다.[4]

고급 기술이 상대적으로 제한되어 있는 라틴 아메리카와 아프리카와 같은 지역에서 교회가 급성장하고 있다. 우리가 기술에 대해 가진 가정들은 철저히 문화적인 것이다. 예배가 하나님 백성에게 적실한 것이 되어야 한다는 생각은 올바른 것이다. 하지만 하이테크적이든 하이터치적이든 간에 예배가 특정 문화의 기술적 편향을 반영해야 한다고 가정하는 것은 전혀 다른 문제다.

그리 오래되지 않은 일인데 나는 하이테크 기술이 거의 전무한 매사추세츠 주의 어느 작은 수도원에서 예배를 드린 적이 있다. 그 곳의 예배실은 좌석이 몇 줄밖

> **교회가 예배에서 '미디어'를 사용하는 이유[5]**
> 84% 교인들에게 더 잘 다가가기 위해
> 77% 청소년들에게 더 잘 다가가기 위해
> 66% 불신자들의 감수성에 부합하려고 / 전도
> 59% 기술적으로 은사가 있는 교인들이 있기 때문에
> 61% 책을 안 보아도 되므로
> 59% 예배에 예술을 도입하기 위해
> 38% 값싼 장비들이 있기 때문에
> 33% 다른 교회들과 보조를 맞추기 위해

에 되지 않는 자그마한 성당과 같았다. 열일곱 명의 형제들이 조화롭게 부르는 노래를 퍼뜨려 주는 앰프도 따로 없었다. 나는 모든 사람이 서로의 얼굴을 볼 수 있을 정도로 너무 가까이 있는 것이 신경 쓰였다. 하지만 그 때문에 오히려 처음 참석함에도 불구하고 찬양과 성경 교독에 의미 있게 참여할 수 있었다.

간결한(단조로운 것이 아닌) 예전은 참여하기가 쉬웠고 은혜의 신비를 전달한다는 점에서 굉장히 복음 지향적이었다. 3면으로 나누어져 있는 좌석 공간은 예배자들 간의 동등한 관계를 암시했다. 네 번째 면

은 하나님과의 거룩한 관계를 의미했다.

  나는 모든 사람이 이러한 수도원적인 방법으로 예배를 드려야 한다고는 생각하지 않는다. 하지만 현대 교회들은 그러한 친밀한 상황 속에서 이루어지는 오래된 예전적 관행들을 무시해서는 안 된다. 우리는 이러한 수도원 공동체로부터 예배에 대해서 배울 수 있으며, 수도사들 또한 예배에서 최신 기술을 사용하는 것에 대해 우리에게서 몇 가지를 배울 수 있을 것이다. 사실 나는 그 곳의 수도원 형제들이 인류 역사의 새 시대에 발맞추어 자신들의 전통을 새롭게 세우기 위해 최근에 '생활 규칙'을 새롭게 작성한 것을 발견하였다.

  이 수도원 공동체의 성무일도(聖務日禱: 매일 시간에 맞춰 드리는 기도-역주) '규칙'에는 이렇게 되어 있다. "매일 성무는 그리스도와 연합을 이루는 지속적인 행위로서, 이것을 통해 우리는 그리스도가 성부께 바치는 무한한 사랑의 행위에 동참한다. 시편을 암송하고, 찬송을 부르고, 성경에 나와 있는 신령한 말씀을 선포하거나 목소리 높여 기도하면서 우리는 그리스도의 정신과 마음과 뜻 속으로 더욱 깊이 들어가며, 그리스도 안에서 성령에 의해 성부에게로 인도된다.…찬양과 기도를 통해 우리의 존재는 이 과정에 깊숙이 참여하게 되며, 우리의 마음은 큰 기쁨으로 고무된다. 또한 음악은 오랫동안 전해져 온 풍성함으로 우리의 예배를 향상시켜 준다."[6] 이는 예배가 어떠해야 하는가를 탁월하게 기술한 것으로, 프레젠테이션 기술을 사용하는 오늘날의 예배 상황에 대부분 적용할 수 있을 것이다.

이미지에 무지한 사회

많은 문화적인 변화들로 인해 몇몇 교회들은 하이테크 예배를 서둘러 시행하려고 한다. 아마도 이러한 현상의 밑바탕에는, 오늘날 가장 효과적인 예배는 프레젠테이션 기술을 사용하여 시각적으로 강화된 예배라는 가정이 깔려 있을 것이다. 현대 북미의 몇몇 비평가들은 젊은이들에게 전자 영상은 새로운 '언어'라고 말한다.[7] 그들의 결론은 얼마나 효과적으로 디지털과 전자 기술을 사용하여 청소년들의 시각적인 상상력을 사로잡느냐에 예배의 미래가 달려 있다는 것이다. 이들은 교회가 영화와 텔레비전과 같은 대중 예술과 시각적으로 경쟁하는 법을 반드시 배워야 한다고 말한다.

어떤 사람은 "시각적 이미지가 오늘날의 주된 언어이며, 모든 연령대, 인종, 성, 계층의 사람들을 끌어모은다"라며 전자 영상을 옹호한다. 그는 또한 "시각 예술의 언어가 시각 지향적인 젊은 세대와 효과적으로 소통할 수 있게 해준다"라고 덧붙인다.[8] 또 다른 옹호자는 "우리 앞에 지속적으로 새로운 영상을 불러다 주는 프로젝트 스크린이야말로 전자 매체 시대의 스테인드글라스이며 십자가다.… 성상이 문맹자들을 위한 성경이었듯이 이제는 스크린이 새로운 식자들(post-literate)을 위한 성경이다"라고 말한다.[9]

예배 시간에 프레젠테이션 기술을 사용하는 데 익숙한 어느 목사는 인쇄 지향에서 영상 지향으로의 커뮤니케이션 변화에 따른 자연스러운 반응으로 시각적 예배가 필요하게 되었다고 인식하고 있다. 그는 "우리의 전통적 예배 언어는 인쇄된 글과 구두 커뮤니케이션으로 표현되

하이테크 예배

하이테크 예배는 파워포인트와 같은 프로그램으로 만들어진 정지 슬라이드와 동영상 슬라이드에서 시작해서, 예배실과 그 외 유아실 및 로비 같은 장소의 스크린에 유선으로 연결된 실시간 비디오 상영과 비디오 녹화에 이르기까지, 컴퓨터에 기초한 프레젠테이션 기술에 광범위하게 의존한다.

는 반면에, 21세기의 새로운 언어는, 아직 우리 예배에서 큰 자리를 차지하고 있지는 않지만, 시각적 영상으로 그리고 짧게 퍼부어 대는 말들로 분절된 대중 음악으로 표현된다"라고 말한다.[10]

분명히 북미 사회는 제2차 세계대전 이후에 '인쇄 문화'에서 '전자 문화'로의 변화를 경험했다. 대부분의 북미인들은 업무 시간을 제외하고는 일상 시간의 대부분을 독서보다 영상 매체를 소화하는 데 소비한다. 그럼에도 '우리의 전통적 예배 언어'를 진지하게 논하고자 한다면 역사를 조명해 볼 필요가 있다.

교회의 초창기부터 기독교 관행들은 시각적이었다.[11] 어떤 자료에 의하면 초기의 세례는 다음과 같이 행해졌다. "세례 희망자는 물 속에 벌거벗은 채 서고, 사탄을 거부하겠다는 맹세를 하며, 삼위일체의 이름으로 믿음을 고백하고 물 속에 세 번 잠겼다. 다시 옷을 입고 난 후에 세례를 받은 사람은 거룩한 기름부음을 받고 그런 다음 안수와 함께 기도를 받았다."[12] 성찬도 시각적으로 이루어졌다. 3세기경에는 성찬식에서 이루어지는 나눔이 그리스도 안에서의 연합을 뜻하는 필수적인 시각적 상징이 되었다.[13] 마찬가지로 교회들은 믿음을 전하기 위해 복음서 내용을 담은 스테인드글라스, 도덕적 교훈을 담은 대중 연극과 여타 시각적인 기술을 포함한 시각 매체들을 사용하였다.

그리스도인들은 시각적·청각적 상징을 창의적으로 공예배에 포함시킬 수 있는 자유를 가지고 있다. 이러한 관점에서 예배 예술 활동에 프레젠테이션 기술을 사용하는 일에 대한 최근의 관심은, 교회가 2,000년 동안 받아들였던 것을 갱신한다는 점에서 환영할 만한 일이다. 그럼에도 불구하고 우리는 중요한 문제에 봉착하게 된다. 우리는 **이미지를 이해하는** 문화 속에 살고 있지 않다. 우리는 **이미지로 가득 찼지만 대체로 이미지에 무지한** 사회와 경쟁해야 한다. 우리의 삶은 **이미지에 집중되어** 있으며 확실히 영화와 텔레비전 광고는 남녀노소에 상관없이 엄청난 영향을 미치고 있다. 그러나 동시에 우리는 이미지들이 어떻게 커뮤니케이션을 하는지에 대해서는 잘 알지 못한다.

예배에서 프레젠테이션 기술을 사용하는 것과 관련한 교회의 임무는 무척 크다. 우리는 일상의 삶과 신앙 생활 모두에서 시각적인 것의 중요성에 대해 그리스도인들을 재교육해야 한다. 이 임무를 수행하기 위해 우리는 교회의 과거와 현대의 미디어 산업 양쪽으로부터 배울 수 있다. 수도원의 예배는 초대교회의 예배와 마찬가지로 놀라울 정도로 멀티미디어적 성격을 띠었다. 그 공동체는 음높이나 몸짓, 몸가짐, 청중의 반응 등을 살려 화자와 청자 간의 친밀감과 직접성에 의존하는 공동체였다.[14]

불행히도 어떤 교회들은 적합한 이미지들에 대해 교육하고 또한 그러한 이미지들의 도움을 받아 예배하는 것의 중요성을 깨닫지 못하고 있다. 오늘날 몇몇 예배실과 예배는 시각적인 면에서 형편없다. 예배실들은 삭막하며 예배는 하나님의 장엄함을 보여 주는 매력적인 장식과 시각적인 표현을 거의 찾아볼 수 없는 행사일 뿐인 경우들이 있다. 확실히 우리는 하나님을 더 잘 예배하기 위해 거창하게 꾸며진 성당을 필요로 하지는 않는다. 하지만 아름다움이란 전혀 없고 찬양에 대한 어떠한 시각적인 표현도 없는 허름한 창고나 강당 이상은 필요하다. 이미지에 무지한 우리 문화가 넓고 깊게 뿌리박혀 있는 듯하다.

젊은이들은 예배를 즐기거나 예배에 시각적으로 매료되는 것 이상으로 예배와 특별한 예전적인 관행들의 의미를 알아야 한다. 우리 모두가 이를 알아야 한다. 프레젠테이션 기술들이 마술을 부리듯 우리를 하나님과 이웃을 사랑하는 예배자들의 공동체로 변화시켜 주지는 않을 것이다. 우리가 그 기술들을 지혜롭게 사용하지 않고 이미지들이 어떻게 예배에 의미 있게 기여하는지를 알지 못한다면, 기술은 우리의 마음을 더욱 혼란스럽게 하는 시각적 '소음'을 만들어 낼 뿐이다.

커뮤니케이션 대(對) 전달

새로운 매체의 가치에 대한 우리의 혼란은 부분적으로 **전달**(transmission)과 **커뮤니케이션**을 단순히 동일하게 취급하는 데서 생겨난다. 현대 매스미디어 사회는 실로 메시지를 전달하는 메신저들과 메시지로 가득 차 있다. 그러나 이 모든 메시지 전달이 반드시 공통된 이해를 가져다주는 것은 아니다. **커뮤니케이션**이라는 단어의 어원은 **공동체**(community)와 **친교**(communion)라는 단어의 어원과 같다.[15] 인간의 커뮤니케이션은 메시지들을 보내고 '소화하는' 데 그치는 것이 아니라 상호간에 친교하는 행위다. 예를 들어 텔레비전 시청자들에 대한 조사에 따르면 시청자들 대부분은 프로그램에 그렇게 많은 주의를 기울이지 않는다. 방송국들은 프로그램을 **전달하지만** 반드시 시청자들과 **커뮤니케이션**을 하는 것은 아니다.

실제로 커뮤니케이션을 하는 것보다 기술적 메시지 전달의 도움을 받으면 지겨움을 더 쉽게 제거할 수 있다. 더 깊은 차원의 커뮤니케이션(친교)은 서로를 이해하려는 노력을 더 많이 필요로 한다. 예배에 더 깊은 차원의 커뮤니케이션이 존재하기 위해서는 신자들이 전심으로 참여할 수 있는 의미 있는 예전이 있어야 한다.

새로운 커뮤니케이션 기술들을 어떻게 부르든지 간에, 반드시 그 기술들이 인간의 커뮤니케이션을 향상시켜 주는 것은 아니다. 어떤 목사는 '멀티미디어 커뮤니케이션'의 개념을 적절하게 사용하여 예배에서 프레젠테이션 기술들을 사용함으로써 어떤 일이 가능한지 묘사한다. 하지만 그는 멀티미디어를, 전통적인 형태의 예술과 커뮤니케이션이 급속하게 발전하는 컴퓨터 및 네트워킹 분야와 합성되어 생겨나는 '상호 작용적인 디지털 매체'로 정의한다.[16] 이러한 새로운 기술들을 상호 작용적이라고 표현한다고 해서 그 기술들이 상호 작용적인 것이 되는 것은 아니다. 교창(交唱) 내지는 교독도 분명히 상호 작용적인 행위다. 시각적인 프레젠테이션에 내재된 대화는 어디에 있는가? 후에 다루겠지만 이것은 중요한 문제인데 특히 예배가 대화라는 점에서 그렇다.[17] 메시지의 전달이나 수용(혹은 '소비') 그 어느 것도 본래 상호 작용적이거나 대화인 것은 아니다.

우리는 포르노 웹사이트에서부터 사치스럽게 디자인된 잡지 광고에 이르기까지 이미지와 말로 가득 찬 후기 소비자 시대에 살고 있다. 시각이 지배하는 오늘날의 문화는, 우리의 관심을 계속 중요한 것으로부터 떼어놓아서 영원함의 무게를 지닌 의미 있는 관행들에 초점을 맞추는 일을 더욱 어렵게 만드는, 하찮은 소음과 악으로 가득 차 있다. 커뮤니케이션 기술은 이러한 혼란을 극복하는 데 도움을 줄 수도 있지만 동시에 그 혼란에 일조할 수도 있다.

본질적인 예배 대 도구적인 예배

예배에 새로운 커뮤니케이션 기술을 사용하는 일에 대해 내가 읽은 대부분의 책들은, 예배가 **본질적인** 실천이라기보다는 **도구적인** 실천이라는 그릇된 가정을 하고 있다. 그 책들은 예배가 청중을 "우와" 하고 감탄하게 만들거나 세속 매체와 경쟁하는 것이라고 그릇되게 제시한다. **예배에는 하나님이 제정하신 그 자체의 목적이 있다. 그것은 가능한 가장 적합한 방식으로 창조주께 감사의 마음을 표현하고, 우리가 희생적인 섬김의 삶을 살 수 있도록 하나님의 은혜를 구하는 것이다.**

우리는 예배의 가장 중요한 목적이라는 관점에서 기술을 살펴보아야 한다. 이렇게 우선순위를 바로 놓는 것은 정보화 시대에 크게 도전하는 일이다. 분명히 우리는 하나님과 더 깊은 친밀감을 갖게 해주는 예배를 사모해야 하지만, 동시에 우리 자신의 기술을 입증하기 위해 교만하게 이를 달성하려고 하는 일은 피해야 한다. 기술적인 효율과 통제를 추구하는 단순한 인간적 욕구—마치 하나님 없이 우리 스스로의 힘으로 완벽한 예배를 만들어 낼 수 있다는 듯이—가 아니라 예배에 대한 하나님의 본래 목적에서 시작해야 한다.

진정한 예배는 인간의 능력을 과시하는 데 있지 않고 하나님의 은혜를 받아들이고 그것을 표현하는 데 있다. 통제를 향한 인간의 추구가 예배에 영향을 미칠 때 우리는 우리 자신을 주목하게 되고 결국 우리 자신의 형상을 닮은 우상을 만들게 된다. 한 학자는 "우리 존재는 반영하는 본성이 있기에 우리는 우리가 예배하는 바로 그것이 될 것이다.… 만일 우리가 기술적으로 만들어 내는 행위(making)를 예배하고, 기술적이고 합리적인 목적을 위해 만들고 조작해야 하는 '장치'로 세상과 이웃을 바라본다면, 우리 존재의 질과 가능성 또한 같은 방식으로 보게 될 것이다"[18]라고 말한다. 신실한 삶을 강조하는 한 신부는 사람들이 기술을 예배할 때 "그들은 하나님을 마음대로 부릴 수 있다 그들은 하나님을 손 안에 두고 통제할 수 있다. 종교는 언제나 우리 자신이 상황을 지배하도록 전세를 뒤집으려는 유혹을 안고 있다"라고 말한다.[19]

결론

예배에서 프레젠테이션 기술을 지혜롭게 사용하는 문제 이전에 우리는 기술과 예배에 관한 우리의 혼란을 해결해야 한다. 기술과 예배는 동일한 것이 아니다. 기술에는 인간의 마음과 정신으로 하여금 통제를 추구하게 하고, 그저 인간적 욕구에 맞는 예배를 만들어 내게 하는 경향이 있다. 반면에 예배는 궁극적으로 누가 **지배하는지**를 기억하게 해 준다. 예배자들의 존재와 구원, 그리고 삶의 위로는 삼위일체 하나님께 달려 있다.

이것은 오늘날 프레젠테이션 기술의 지혜로운 사용과 관련한 결정을 내리는 데 예전에 대한 이해가 왜 중요한지를 부분적으로 알려 준다. 기독교의 예배와 삶의 기본적인 구조는 동일하다. 즉 하나님이 말씀하시고 인간들은 믿음으로 반응한다. 우리가 사용하는 기술은 그러한 하나님이 주도하시는 예배를 뒷받침해 주어야 한다.

high-tech worship 2
예배란 무엇인가

> 자연의 계절과 생명체에 내재되어 있는 리듬과 반복을 성찰할 때
> 우리는 창조주의 계획 속에 있는 놀라운 다양성을 발견하며,
> 이는 우리로 하여금 일상성과 다양성 모두를 귀하게 여기도록 돕는다.[1]
> _리처드 윈터

한 예배 잡지에 "소프트웨어가 이끄는 교회"라는 제목의 기사가 실렸다. 저자는 전산화된 교회들은 "교회 사역의 각 영역에서 효과의 차이를 경험하기 시작할 것이다"라고 주장한다.[2]

이런 종류의 수사학적인 표현은, 교회에 유익을 준다는 예배 관련 상품들을 팔고자 하는 교회 마케팅 산업에서 종종 나타난다. 그러나 이러한 마케팅 관련 출판물들은 대개 기술에 대해서는 많이 언급하지만 예배와 사역의 목적에 대해서는 거의 언급하지 않는다. 그것들은 최신 기술에만 초점을 맞출 뿐 무엇이 좋은 예배를 만드는지에는 초점을 맞추지 않는다. 때때로 이러한 홍보물들은 개인의 영적 경험을 제조해 내는 것이 예배의 목적이라고 암시하는 것처럼 보인다.

교계 간행물들을 읽어 보면 우리가 살고 있는 기술의 시대는 인간적

수단에 대한 집착, **목적** 의식의 증발이 그 특징임을 다시금 기억하게 된다.[3] 기술적인 관행을 이해해야 할 필요는 분명 있다. 그러나 이 때, 예배란 단순한 인간의 창조물이 아닌 하나님이 허락하신 행위란 측면에서 그 기술을 이해해야 한다. 오늘날 많은 신자들이 예배와 교회 생활, 예배의 역할, 하나님 보시기에 '좋은 예배'란 무엇인지에 대해서 거의 알지 못한다. 교회를 다니는 사람들을 대상으로 실시한 전국적인 조사에 의하면 조사 대상의 3분의 2는 예배가 무엇인지를 설명할 수 없었다고 한다. 여론 조사가인 조지 바나(George Barna)는 이러한 사람들을 "예배에 어려움을 겪고 있는"(worship-challenged) 미국인이라고 불렀다.[4]

감사와 찬양으로서의 예배

예배를 이해하는 출발점은, 예배를 구속사에서 하나님이 행하신 것과 지금도 행하고 계신 것에 대한 감사로 인식하는 것이다. 예배는 창조주, 구속자, 위로자이신 하나님에 대한 자연스러운 찬양의 반응이다. 우리가 예배하는 이유는 하나님이 행하신 것과 행하고 계신 것, 그리고 계속해서 행하실 것이라는 약속을 은혜로 인정하기 때문이다. 그것은 곧 하나님이 모든 문화의 시간과 공간 속에 복음 메시지를 전달하는 구속된 공동체로서 교회를 모으시는 일이다. 그분은 우리 하나님이며 우리는 그분의 백성이다. 하나님은 그분의 선물인 구원을 완성하겠다고 약속하신다. 그러므로 부분적으로 예배는 "언약을 지키시는 신실하신"[5] 하나님께 우리가 함께 감사하는 기념 행위다.

우리가 예전 행위에 참여하는 이유, 즉 우리가 예배 '행위를 하는' 이유는 그러한 행위들이 찬양받기에 합당하신 우리 구원의 하나님에 대한 적합한 반응이기 때문이다. 하나님 안에 우리의 존재가 있고 그분을 통해 우리가 함께 구원의 기쁨을 축하하게 되니, 하나님께 감사를 표현하는 것보다 더 자연스러운 일이 어디 있겠는가? 제2차 세계대전 중 미얀마에서 수년 간 전쟁 포로로 잡혀 있었던 어니스트 고든(Ernest Gordon)은 다음과 같이 깨달았다. "인간은 아무것도 할 수 없을 만큼 좌절할 필요가 없다. 연약하고, 병들고, 몸은 망가지고, 집에서 멀리 떨어져 있고, 낯선 나라에서 혼자지만 여전히 노래할 수 있다! 예배할 수 있는 것이다!"[6] 고든과 동료 포로들은 우리가 종종 잊어버리는 바를 깨달았다. 하나님이 그분의 자비로 우리를 채워 주시며 예배 가운데 찬양과 감사를 할 수 있도록 인도해 주시며 좋을 때뿐만 아니라 힘들 때도 우리와 함께하심을 말이다.

예배의 기초가 찬양과 감사라는 것을 이해한다면 어떤 기술을 부주의하게 사용하는 것이 왜 문제가 될 수 있는지 알 수 있다. 기술을 하나님의 능력과 장엄함 그리고 그분의 영광과 관련해서 보지 못할 때, 우리는 하나님의 은혜로 겸손해지기보다는 우리 자신의 기술력에 더 매료될 것이다. 그리고 하나님이 행하신 것과 행하고 계신 것, 그리고 언약 백성의 구원을 통해서 완성하리라고 약속하신 것에 초점을 맞추기보다는 우리의 예전적 성취와 기술, 그 속에 명백하게 드러나는 힘에 초점을 맞추는 실수를 범할 수 있다. 우리는 예배에서 '창조주 하나님'께 반응한다.[7] 하나님이 먼저 모든 피조물을 만드셨고 지금도 그것을 유지하고 계신다. 그분의 창조로 인해 우리는 기술적 발명을 할 수 있다.

기술 자체가 인간의 죄성을 제거하거나 극복하지는 못한다. 기술은 사용자보다 나을 수 없다. 기술적인 능력에 대한 교만은, 감사함으로 찬양하며 하나님의 완벽한 권위 아래 겸손히 살고자 하는 우리의 소망을 약화시킬 수 있다.

예배는 대화다

성령의 역사를 통해 우리는 예배 드리면서 하나님 및 다른 사람들과 대화를 나눈다. A. W. 토저(Tozer)는 "하나님이 자신의 목소리로 세상을 가득 채우신다"라고 말한다.[8] 예전에 참여하는 것은 하나님께 겸손히 순종함으로 반응하는 것이다.[9] 지혜를 저버리고 자신의 정체성을 자기 안에서 발견하려는 대신 우리는 하나님께 향한다. 예배 사역 즉 예전은 반응을 요구하는 상호적인 것이다. 감사함으로 하나님께 반응함으로써, 그리스도인 공동체와 그들의 구원의 하나님이 지속적인 관계를 맺게 된다.

이러한 방식으로 볼 때 예배는 하나님과 하나님의 백성이 나누는 대화 형태의 교제다. 하나님이 말씀하신다. 우리는 듣고 그 다음에 반응한다. 하나님이 다시 말씀하신다. 우리는 하나님께, 그리고 서로에게 반응한다. 그렇게 예배의 대화가 이루어진다. 예배는 '하나님과 나누는 대화의 드라마'[10]가 되는 것이다.

예배에서 프레젠테이션 기술의 역할을 논할 때 우리는 이 점을 특별히 중요하게 고려해야 한다. 어떻게 기술을 사용하여, 신자들이 예전 행위 속에서 하나님과 그리고 서로 더 충만히 교제할 수 있도록 할 수

예배의 대화

창조주 하나님이 말씀으로 세상을 만드셨다. 모든 창조물은 찬양으로 반응했고 그것은 지금도 이어지고 있다. 산들은 하나님의 영광을 선포한다. 인간들은 하나님의 용서의 말씀을 듣고 산들이 손뼉을 치는 것을 들으며 그에 합당한 감사와 찬양으로 반응한다. 모든 예배는 하나님과 하나님의 자녀들, 그리고 성가대에 있는 다른 나머지 피조물들 간의 대화다. 성령이 우리를 예배로 인도하신다. 예수 그리스도는 우리가 하나님 아버지께로 나아갈 수 있도록 도우신다. 하나님은 "너는 내 것이다"라고 말씀하신다. 하나님의 백성들은 "나의 영혼이여, 주를 찬양하라!"고 외친다. 전 우주가 기뻐할지어다. 아멘.

있을까? 종종 문제가 되는 것은 기술이 우리를 대화 공동체가 아닌 개인 관람자로 이루어진 관중으로 만들어 버릴 때다. 스크린에 찬양 가사를 투사하는 것의 가치는 이미 여러 교회에서 입증되었다. 그럴 때 찬양은 종종 더욱 활기차고 의미 있으며 대화 지향적인 것이 된다. 기술은 공동체가 연합하여 하나님께 활발히 찬양하도록 도와줄 수 있다. 이제 그러한 대화를 향상시키기 위해 다양한 기술을 사용하는 다른 방식들을 살펴볼 필요가 있다.

예배의 많은 부분은 하나님의 권위 아래 예수 그리스도의 이름으로 행해지는, 실재에 대한 일종의 집단적인 '명명'(naming)이다. 찬양과 신앙 고백, 설교, 성경 봉독, 성찬식 등은 모두 공동체적 예배 의식에서 그리스도의 이름으로 명명됨으로써 하나님께 대한 감사의 대화에 기여하게 된다. 우리는 '예수 그리스도의 이름으로' 기도한다.

어떤 지인 하나가 그가 참석한 예배에 대해 말해 주었다. 그 예배에서 목사가 '예수님의 이름으로' 예배자들을 환영한다고 말하려는 순간, 마이크로소프트 윈도우즈 로고가 모든 회중이 다 볼 수 있도록 그의 뒤에 있는 스크린에 떠올랐다. 그것으로도 충분치 않았는지 스피커에서는 컴퓨터가 부팅되는 소리가 요란스럽게 나왔다. 예수 그리스도의 이름을 듣는 대신 교인들은 컴퓨터 하이테크 세계에 온 것을 환영하는 스타워즈 식의 마이크로소프트 부팅 음악을 들었다.

예전은 대화의 질서를 잡아 주고, 다양한 목소리들이 말할 수 있게 해준다. 하나님의 백성으로 하여금 창조주가 그들과 맺은 언약을 듣고 찬양과 감사로 그 언약에 반응하도록 도와준다. 내가 앞에서 제시한 바와 같이 그렇기 때문에 예전이 매우 중요한 것이다. 예전은 단지 고(高)교회파(예배의 의식적 측면을 강조하는 교회로서 성공회, 영국 국교회 등이 있다—역주) 사람들만을 위한 것이 아니라 모든 예배에 내재된 것이다. 하나님이 혼돈 가운데서 세상을 창조하신 것처럼 예전 행위는 우리의 예배와 삶을 혼란에서 질서로 변화시켜 준다. 창조주의 믿음의 선물은 우리 안에 감사하는 마음을 가득 채워 주며 거룩한 대화로 인도하여, 궁극에는 우리로 하여금 평화와 정의의 대리인으로서 다시 세상으로 돌아가게 한다. 시편 33편은 우리에게 "세상의 모든 거민들은 그를 경외할지어다. 그가 말씀하시매 이루어졌으며 명령하시매 견고히 섰도다"라고, "그는 공의와 정의를 사랑하심이여"라고 상기시켜 준다.

프레젠테이션 기술은 대화로서의 예배를 돕는 데 훌륭하게 사용될 수 있다. 그 기술은 우리가 하나님의 말씀을 낭송할 때나 하나님께 반응할 때 읽고 보아야 하는 것을 화면으로 보여 준다. 또한 그 기술은 선교사들과 집에 묶여 있는 사람들의 목소리와 영상을 예배에 끌어올 수 있다. 정지 화면과 동영상 프레젠테이션은 누가 읽고 있는지, 노래하고 있는지, 혹은 설교하고 있는지를 더 잘 볼 수 있도록 도와준다. 게다가 프레젠테이션을 만드는 과정은 대화의 일부분이 될 메시지와 예술 작품을 구성할 기회를 교인들에게 제공한다.

예배의 대화에서 중요한 점이 또 하나 있다. 하나님은 인류 역사를 통해 계속해서 말씀하시는 분이기에, 교회는 하나님의 언어의 표현, 즉 구속 **이야기**를 인식한다는 것이다. 이 이야기는 이스라엘 백성이 애굽의 속박에서 자유로워지고 광야의 유랑 생활에서 해방된 사건을 포함하고 있으며, 하나님이 죄의 짐에서 신자들을 해방시키기 위해 독생자를 희생하실 때 그 절정에 이른다. 달리 말하면 하나님의 언어는 예배 속에서 신자들이 **내러티브로 된** 구원의 약속을 기억하고 반응하게 이끈다. 우리는 참된 하나님의 구속 이야기를 얼마나 잘 재연하고, 믿고, 또 행하게 신자들을 도와주는지에 기초하여 교회의 프레젠테이션 기술을 평가할 수 있다.

하나님의 말씀을 듣고 서로의 이야기를 들을 때 우리는 하나님과 이웃을 섬기라는 목적으로 구원받았음을 재확인한다. 특별히 성경을 통해 하나님은 우리가 하나님의 백성이며 그분은 우리의 하나님이심을 계시하신다. 즉 우리는 모든 선한 것을 공급하시는 삼위일체 하나님의 약속에 감사함으로 반응하도록 부름받은 것이다. 예전은 집단적인 기억과 반응이라는 대화 행위로 구성되어 있다. 예배는 단순히 정보를 나누고 영적으로 고조된 분위기를 만들거나 교훈을 주는 것이 아니다. 신실한 신자들로 이루어진 그룹이 우리의 구원 이야기의 저자이신 하나님과 삶을 변화시키는 교제의 대화를 나눔으로써 공예배가 이루어진다.

모든 예배는 멀티미디어적이다

예배는 항상 멀티미디어적인데 이는 인간이 만들어 낸 이러저러한 발명품 때문이 아니라 인간이 다감각적인 피조물이기 때문이다. 우리는 듣고 보고 만지고 냄새 맡고 맛을 본다. 어떤 교파들, 특히 동방 정교회에서는 성도들에게서 최고로 충만한 감사와 찬양을 일으키기 위해 예배를 인간의 모든 감각에 맞춘다.[11] 분명 이것은 새로운 것이 아니다. 교회 역사가인 레베카 라이먼(Rebecca Lyman)은 "수도승들을 보든 성지(聖地)들을 보든 간에 제국 시대(4세기와 5세기)의 그리스도인의 경건은 굉장히 물질적이었다. 하나님은 인간 역사 속에서 행하셨기 때문에 인간의 감각은 영적 이해를 개발시키는 도구로 이해되었다"라고 말한다.[12]

어떤 예배학자는 예배는 "존재를 지각하고, 듣고, 보고, 만지고, 움직이고, 냄새를 맡으며, 맛볼 수 있는 능력에 달려 있다.…기독교 예배는 물질적으로, 사회적으로 그리고 문화적으로 실현된다"라고 주장한다. 또한 그는 예배가 인간의 모든 감각에 호소할 때, 즉 예배가 온전히 멀티미디어적일 때, 교인들이 '경이와 기쁨과 진실과 희망'의 '본질적인 특징'[13]을 경험할 가능성이 더 많다고 결론짓는다.

오늘날 우리는 지나치게 새로운 매체를 선호하여 낡은 매체를 쉬 없애는 경향이 있다. 더 많은 매체를 사용할 수 있는 방법을 고려하면서 동시에 과거의 매체를 재생할 수 있다는 사실을 잊지 말자. 많은 교회 벽에 드리워진 예전 예술품들, 예배 공간을 제공하는 예배실, 예배자들의 눈을 예배실에 집중시키는 햇빛과 인공 조명, 예배자들이 성례전의 요소들 및 다른 신자들과 갖는 신체적인 접촉(예를 들면 인사할 때, 평화를 기원할 때, 자녀들을 축복할 때, 혹은 발을 씻길 때), 우리의 믿음을 몸으로 구현하는 예배 무용가들, 예배자들이 듣는 음악, 그리고 감사함으로 하나님께 찬양하는 목소리들이 중요한 매체에 포함된다. 분명 예배는 감사의 마음을 풍성하게 하고 찬양의 깊이를 더하기 위해 상상력을 자극해야 한다. 하나님이 정하신 이러한 목적을 달성할 수 있게 해 주는 기술적인 관행이라면 그 어떤 것이라도 고려할 만한 가치가 있다.

예배는 멀티미디어적인 대화이기에 예전과 말씀 선포는 거의 불가분의 관계다.[14] 예전에는 말씀을 읽고, 말씀을 선포하고, 말씀을 노래하며 성례를 통해 말씀을 구현하는 것이 포함된다. 예전은 하나님이 주신 수많은 매체를 통해 대화할 수 있는 방법들을 제공해 준다. 우리는 하나님이 친히 선포하신 것을 읽으며 찬양한다. 우리는 하나님의 선포하심을 깃발과 무용, 노래와 스테인드글라스 창문과 컴퓨터 스크린을 통해 되풀이한다. 우리는 사용할 수 있는 모든 매체를 통해 하나님의 영광과 하나님의 백성의 구원과 여러 증거들 속에 나타나 있는 피조물에 대한 하나님의 지극한 사랑을 반영하고자 한다.

여러 번 방문한 어떤 교회가 있는데 그 교회 목사는 놀라울 정도로 재능 있는 주해 및 강해 설교자였다. 그는 성경을 잘 해석하고 설명한다. 많은 사람들이 오로지 그의 설교를 듣기 위해 예배에 참석

> **당신의 예배는 멀티미디어적/다감각적인가?**
> 1. 시각에 호소하는 것은 무엇인가?
> 2. 촉각에 호소하는 것은 무엇인가?
> 3. 마음에 호소하는 것은 무엇인가?
> 4. 생각에 호소하는 것은 무엇인가?
> 5. 후각에 호소하는 것은 무엇인가?
> 6. 미각에 호소하는 것은 무엇인가?
> 7. 청각에 호소하는 것은 무엇인가?
> 8. 당신에게 호소력이 있는 것은 무엇인가?

한다. 그는 예술과 건축과 지도 등 몇 가지 영상을 투사해 주면서 해당 성경 본문의 역사적 배경을 적절하게 설명한다. 또한 히브리어나 헬라어 단어를 보여 주고 참고 구절을 제시하기 위해 스크린을 적절히 사용한다.

그럼에도 불구하고 그 교회의 예배는 멀티미디어적인 대화가 부족하다. 본당의 장식들 혹은 스크린에 하나님의 축복에 대한 선언이 없다. 죄의 고백이나 죄의 용서가 없다. 보거나 냄새를 맡거나 만질 수 있는 성례전이 거의 없다. 회중과 지역 사회 그리고 세계를 위한 중보 기도가 없다. 어떤 종교 축제일에는 예배 시간에 교회력에 대한 언급이 전혀 없었다. 예배당에는 사실상 아무런 종류의 장식도 없다. 몇 번 방문한 후 나는 그 교회의 예전은 하나님께 찬양하는 것과 성경의 가르침을 듣는 것 즉 '찬양과 설교'로만 이루어져 있다고 결론지었다. 심지어 어떤 날에는 찬양도 없고 예전은 강의와 같은 한 시간의 설교로만 이루어져 있다. 사람들은 줄지어 들어와 앉고, 듣고, 보고, 그 다음에 줄지어 나간다. 그들은 수동적인 소비자들이다.

그럼에도 불구하고 그 설교자는 재능 있는 성경 해석자다. 그는 성경 언어와 역사적 상황, 그리고 수많은 세월 동안 다양한 신자들이 해당 본문을 주석하면서 일상의 삶에 적용시키기 위하여 시도한 방법들을 연구한다. 그의 설교에서 선포되는 교훈은 실제성—더 풍성한 예전을 갖춘 많은 교회에 결여된—을 갖고 있다. 분명히 그의 설교는 그 교회의 주된 장점이다.

그러나 결국에는 프레젠테이션 기술이 그 교회의 예전을 더 풍성하게 하지는 못하고 있는 것처럼 보였다. 스크린과 프로젝터는 찬양을 제외하고는 대화를 증진하는 데 실패했다. 재주꾼이 넘쳐나는 그런 큰 교회에서 그 기술들을 활용해 더욱 많은 일을 할 수 있으리라 생각하니 참 안타까웠다. 기술 사용이 미비한 교회에서와 마찬가지로 그 교회의 예전은 하나님이 자신의 백성에게 말씀하실 수 있는 방법을 거의 제공해 주지 못했다. 뿐만 아니라 성도들이 찬양 가운데 감사함으로 하나님께 반응할 수 있는 기회들은 훨씬 더 부족했다.

예배의 예전적 요소들

히브리서는 하나님과의 '수직적' 대화가 어떻게 공예배의 '수평적' 요소들에 대해 알려 주는지를 이야기한다. 히브리서는 복음에 대한 하나님의 백성의 세 가지 반응, 즉 "창조주에게 가까이 나아가는 것, 공동체가 고백하는 소망을 붙잡는 것, 서로 사랑과 선행을 격려하는 것"을 강조하고 있다. 공예배에서 하나님께 가까이 나아가는 것은, 죄 용서에 대한 간구와 경건한 삶을 살 수 있는 능력을 얻기 위한 기도와 아울러 공개적인 죄의 고백을 요구한다. 이 모든 것은 예수 그리스도의 복음이라는 맥락, 즉 우리를 위한 하나님의 이야기뿐만 아니라 충성스런 삶을 살기 위한 우리의 이야기 속에서 나와야 한다. 데이비드 피터슨(David Peterson)은 "그리스도가 행하신 일을 신앙 고백이나 찬양과 노래를 통해 찬미하는 것이 당연히 회중 모임의 중심이어야 할 것이다"라고 말한다.[15]

초대교회는 이러한 성경의 주제들을 중심으로 예전적 행위들을 확립했으며 이는 대부분의 교파 전통에서 예배의 구성 요소로 이어져 왔다. 이러한 관행들에는 성경 봉독과 봉독된 말씀에 대한 해설, 묵상과 공적인 신앙 고백이 포함되었다. 3세기경에 성찬은 예수 그리스도의 복음 안에서 그리스도인의 연합을 표현하는 중요한 방편이 되었다. 회심자들의 세례 의식이 옛 자아가 죽고 그리스도의 새로운 생명 안에서 다시 살아나는 것(특히 롬 6장을 보라)을 '보여 주는' 의미가 된 것처럼, 성찬식('감사'를 뜻하는 헬라어)은 예수 그리스도의 희생을 공유하는 **표현**이거나 심지어 그 희생에 **참여**하는 것이었다. 또한 성찬식은 주의 만찬, 애찬식, 영성체(領聖體), 기념식, 떡을 떼는 것 등으로 불렸다.[16] 이러한 모든 관례들은 비록 다양한 기독교 그룹에 따라 조금씩 다른 방식으로 행해졌지만 성경에 기초를 두고 있었다.

> **중요한 예배 의식들**
> 1. 예배로의 부름
> 2. 죄의 고백/ 용서의 확신
> 3. 말씀 선포/ 설교
> 4. 공중 기도/ 중보 기도
> 5. 고백/ 믿음의 확인
> 6. 은사와 삶의 봉헌
> 7. 성찬
> 8. 회중을 위한 권면과 축도/ 축복

기술 사용의 예비 단계로서 예배를 기획할 때는 예전적 요소들에 대한 기본적인 지식이 필요하다. 다양한 기독교 전통들 사이에는 중요하고도 귀한 차이점이 존재하지만 성경적이고 역사적인 연속성 역시 존재한다.[17] 예배에서 표현된 만큼, 이러한 **타협 불가능한 예전적 요소들**은 기독교 신앙의 중심이었다.[18] 오늘날에는 그러한 타협 불가능한 요소들이 답답하고 구식인 것으로 여겨질지 모른다. 하지만 그것들은 여전히 프레젠테이션 기술을 언제 사용해야 할지 결정을 내리는 데 도움을 줄 예배의 몇 가지 요소들을 제공한다.

예배는 일반적으로 **하나님의 부르심**(혹은 환영 내지는 예배로의 부름)으로 시작된다. 우리는 그분의 이름으로 모인다. 이러한 관행은 우리의 공적 집회, 즉 하나님의 권위 아래 일하고 예배하는 책임 있는 갱신의 대행자들의 모임을 위한 배경이다. 우리는 우리 자신이 아니라 하나님께 속해 있다. 우리는 그분의 부르심에 응답하여 모인 것이지 그냥 기분 내키는 대로 모인 것이 아니다. 하나님은 우리와 언약을 맺고 살기를 원하신다. 그래서 하나님은 우리가 예수님의 이름으로 모이도록 초대하시는 것이다.

하나님이 그리스도 안에서 우리를 용서하셨다는 것을 기억하고 십자가의 친밀함 가운데서 하나님께 더욱 가까이 나아가기 위해 우리는 함께 **우리의 죄를 고백할** 것이다. 고백은 지속적인 성화에 중요한 요소다. 한 신학자는 예배에서 "우리는 값없이 선포된 죄 용서의 말씀을 믿음으로 받아들일 뿐 아니라 십자가 앞에서 회개 가운데 겸손히 유죄 판결을 받아들인다"라고 말한다.[19] 이것이 바로 많은 교파들이 신자들에게 자신을 살펴보고 성찬식에 참여하기 전에 자신의 죄악을 고백하라고 요구하는 부분적인 이유다.

분명 우리는 성경을 읽고 **하나님의 거룩한 말씀을 들어야 한다**. 하나님의 말씀에 대해 설명하는 것(오늘날 이것을 '설교'라고 부르고 있다)은 아주 초기부터 교회에서 이루어진 관행들 중 하나다. 말씀을 가지고 설교하는 것(혹은 **선포**하는 것)은 또한 신자 공동체를 위해 본문을 해석하는 한 방법이었는데, 그 결과 신자들은 성경을 쉽게 이해하고 개인과 회중 전체의 삶에 현명하게 적용할 수 있었다. 하나님의 말씀을 읽음으로써 우리는 구원받은 백성으로서 어떻게 살아야 하는지와 복음을 다시 상기하게 된다. 말씀은 우리에게 거룩한 삶을 가르쳐 주고 권고하며 훈계한다.

공중 기도는 기독교 초창기부터 공예배의 일부분이었다. 기도는 창조주께 직접 나아갈 수 있게 인도해 주시는 우리 대제사장이신 예수 그리스도를 통하여 회중이 하나님과 대화할 수 있는 수단이다. 우리가 기도하는 이유는 하나님이 그것을 요구하시기 때문이다. 또한 성령의 사역을 통해, 멀리 떨어져 있고 접근할 수 없는 신이 아니라 인격이신 하나님과 대화하며 그분과 직접적인 교제를 추구해야 함을 마음으로 알기 때문이다. 무엇보다도 우리는 그리스도가 십자가에 달려 죽으시기 전에 예루살렘 성을 보며 우신 것처럼 우리도 세상의 상처에 관심을 갖기를 하나님이 원하신다는 것을 알고 있다.

또한 우리는 초대교회 그리스도인들이 핍박 가운데서도 그랬던 것처럼 공적으로 **우리의 신앙을 고백(혹은 확증)해야** 한다. 그러한 목적으로 다양한 교회 전통들은 성인 세례와 믿음의 확인, 신앙의 고백과 같은 관행들을 행하고 있다. 우리는 "예수를 주"로 시인하고 하나님이 "그를 죽은 자 가운데서 살리신 것"을 마음으로 믿어야 한다(롬 10:9).

우리는 교회를 그저 사회 기관으로 운영하기 위해서가 아니라 하나님께 우리의 감사를 희생적으로 표현하기 위해 **헌금을 드린다**. 하나님은 우리에게 모든 선한 것을 주시며 매일 우리의 삶을 영위시켜 주신다. 초대교회가 과부와 고아들과 다른 사람들을 위해 헌금을 모았던 것처럼 우리 또한 도움이 필요한 사람들을 위해 교회의 사역에 기여한다. 우리는 헌금을 통해 우리의 삶 전체를 주님께 향기로운 제사로 드리도록 부름받았다는 사실을 상기하게 되기 때문에, 헌금은 실제적일 뿐만 아니라 상징적이다.

초대교회에서 그리스도인의 연합의 가장 강력한 표현이었던 **성찬**은 여전히 '예수 그리스도의 이름으로' 행해지는 공예배에 중요한 요소로 남아 있다. 신자들이 성찬식을 어떻게 또 얼마나 자주 해야 하는지에 대해 논쟁하는 것은 이해할 만하지만, 신앙 공동체에서 그것이 차지하는 중요성만큼은 논란의 여지가 없다. 그리스도는 갈보리 언덕의 십자가에 달려 돌아가시기 전 날 밤 이 성찬식을 제정하셨다. 성찬식은 개신교인들과 로마 가톨릭 교인들 모두가 성례전으로 받아들이는 거룩한 관행들 중 하나다. 하나님은 예수 그리스도의 희생을 '기억하고 믿으라'고 요구하신다.

마지막으로 우리는 축복 혹은 **축도**의 중요성을 고려해야 한다. 그것은 예배에 연합성을 부여할 뿐만 아니라 축복과 격려, 예배당 밖의 세상에서 복음적으로 살아가야 한다는 권면을 주기 위해 예배의 마지막에 행해진다. 축복과 권면으로서의 축도는 "하나님이 당신을 다시 축복하셨습니다. 이제 하나님의 창조 세계의 청지기로서, 그리고 구속과 회복의 대리자로서 세상으로 나가십시오"라고 우리에게 말하는 것이다.

이러한 중요한 예배 의식 여덟 가지는 예수 그리스도를 믿는 자로서 우리로 하여금 "우리 세상 밖에 있는 것에 대해 이야기하고 이해하게 해주는 상징과 비유"를 공유할 수 있게 해준다.[20] 우리는 이러한 관행들 중에서 어떤 것이 더 중요한지, 그러한 관행들을 예배에서 어떤 순서로 정해야 하는지, 예배의 대화 속에서 그것들을 어떻게 행해야 하는지에 관해 논쟁할 수 있다. 솔직히 나는 어떠한 특정 교파도 완벽한 예배를 드린다거나 앞으로 그럴 것이라 생각하지 않는다. 그러나 우리가 정확히 어떻게 행하는지에 상관없이 그러한 의식들은 우리가 현상 유지에만 매여 있지 않도록 도와준다.

우리가 예수 그리스도의 마음으로 점차 변화되어 감에 따라 예전은 우리가 세속화를 거부할 수 있게 해준다. 그럴 때 우리가 오락의 수동적인 소비자가 될 가능성은 줄어든다. 우리의 예전이 더 넓은 세상(우리가 관객이나 학생이 되는 오락이나 교육 분야)의 관행과 상상을 단순히 답습한다면, 그것들은 신실한 제자가 되는 데 필요한 공유된 비전과 깊은 신앙을 제공해 주지 못할 것이다. 예배는 강력한 삶의 모델이 되며 타락한 세상이 우리를 죄의 수렁에 빠뜨릴 때도 진실을 지향하게 해준다.[21]

마지막으로, 기독교 예전의 이러한 요소들을 이해함으로써 프레젠테이션 기술을 어떻게 지혜롭게 사용해야 할 것인지에 대한 통찰을 얻게 되어 예배를 의미 있고 성경적인 것으로 만들 수 있다. 어떻게 하면 각각의 예전 요소들 속에 있는 예배의 대화에 다양한 하이테크 및 로테크(low-tech: 저급 기술―역주) 매체를 사용할 수 있을까? 죄 고백을 노래로 표현할 수 있을까? 신앙 고백은 어떨까? 시편을 한 군데 읽거나 다른 성경 말씀을 함께 읽는 것은 어떨까? 인사나 축도 시간에 영상을 보여 주는 것은 어떨까? 성찬식을 하는 동안 시각적으로는 어떻게 해야 하는가? 오래된 행위에 새로운 기술을 적용시킴으로써 예배 인도자는 많은 예배자들에게 그 행위들의 중요성을 일깨워 주는 데 도움을 줄 수 있다.

예술적인 표현으로서의 예전

800개가 넘는 교회를 대상으로 실시한 조사에서 우리는 놀라운 사실을 발견했다. 그 중 가장 놀라운 것은, 절반이 넘는 교회가 예배에 예술을 결합시키는 수단으로 영상 매체 기술을 사용하기 시작했다는 점이다. 예배에서 예술의 중요성을 고려해 볼 때 이것은 놀라운 기회다.

공예배는 궁극적으로 하나님께 합당한 선물로 드리는 공적 대화다. 그러므로 예배는 잘 드려져야 한다. 즉 그것은 마음으로부터 의미 있게 드려져야 하며 재능 있는 신자들의 도움으로 잘 구성되어야 한다. 좋은 예전 예술은 그것이 음악이든 아니면 무용, 노래, 의상 혹은 깃발이든 간에 이러한 예전 요소들을 더욱 의미 있고 아름답게 행할 수 있게 해 준다. 선하고 진실되고 아름다운 것, 심지어는 감각을 만족시키는 것에 대한 존중심을 가지고 예배는 예술적으로 드려야 한다. 예배는 하나님**께** 드리는 선물이며 동시에 하나님 및 이웃과 **함께하는** 대화다.

예전의 **질**은 그것의 구조와 통합성만큼 중요하다. 예전 예술은 그 어떤 엘리트 그룹의 표준에도 부합할 필요가 없다. 우리는 우리의 창조주-구속자에게 드리는 감사의 표현인 예전의 예술적 질에 관심을 기울여야 한다. 예배는 우리가 존재하기 전에 이미 우리를 사랑하신 창조주에게 정성껏 드리는 좋은 선물이 되어야 한다. 구약에서 하나님은 이스라엘 백성에게 그분을 예배하는 장소인 성막을 짓는 데 필요한 특별한 기준을 주셨다(출 26장을 보라). 우리는 구속자께서 우리가 누리고 또한 하나님께 다시 드릴 수 있도록 부어 주신 재능으로 전체 회중을 대표해 예전 작품을 만들어야 한다.[22]

만일 우리가 프레젠테이션 기술의 도구적인 목적에만 초점을 맞춘 다면, 즉 대화 속의 메시지 내용에만 단순히 초점을 맞춘다면 예술적 질을 놓칠 수 있다. 오늘날 프레젠테이션 기술을 예전적으로 사용할 때 많은 부분이 예술적으로 수준 이하라는 것은 불행한 일이다. 기술에는 회중의 관심을 끌고 신자들을 예배에 참여시키는 힘이 분명히 있음을 우리는 매주일 많은 교회에서 목격할 수 있다. 하지만 그러한 힘은 메시지의 진실성뿐만 아니라 그러한 메시지를 **표현하는 예술적 질**에 대한 책임도 우리에게 있음을 일깨워 준다.

파워포인트와 같은 기술은 사용하기가 매우 쉬워서 특별한 재능이나 은사를 요구하는 것 같지는 않다. 몇 분 안에 거의 누구라도 노래 가사와 성경 본문, 설교 요점 프레젠테이션을 만들 수 있다. 그러나 그 프레젠테이션이 아름다울까? 그 프레젠테이션이 교회 절기 내내 아니면 매년 특정한 기념일에 사용할 만한 수준이 되는가? 어떤 하이테크 예전 예술은 디자인 면에서 진심이 너무나 적게 담긴 제사라서 예배 후에 버려야 하는 것도 있다.

> **프레젠테이션 예술의 평가**
> 1. 아름다운가?
> 2. 멋진가?
> 3. 참된가?
> 4. 올바르고 적합한가?
> 5. 질이 탁월한가?
> 6. 하나님에 대한 찬양의 일부분이 될 만한가?
>
> — 빌 4:8에서

유기적 공동체 세우기

또한 예배는 그리스도인들이 공동체를 세우는 중요한 방법 중 하나다. 여기서 다시, 기술이 중요한 문제가 되는데 그것은 기술이 예배자들 간에 '중재자'가 될 수 있기 때문이다. 우리는 커뮤니케이션 **안에서** 그리고 **그것을 통해** 예배한다.

신약의 '코이노니아' 개념은 교회 조직 이상을 의미한다. 그것은 '공동체', '교제', '참여'를 뜻한다. '코이노니아'는 단지 형식적인 교회 프로그램을 제공하는 것이 아니라 서로 인격체로서 섬기도록 해주는, 성령 안에서 함께하는 삶이다. 예배의 대화는 공동체로서의 교회에 커뮤니케이션을 위한 여러 요소들을 제공해 준다.[23] 예배는 우리에게 한 공동체로서 예수 그리스도의 거룩한 삶에 참여할 것을 명한다. 우리는 '그리스도의 몸', 즉 하나님 및 이웃과 교제하며 함께 살아가는 자기 희생적인 사람들로 구성된 유기체가 된다. 하나님이 우리의 구원을 위해 그분의 아들을 주신 것처럼 우리는 서로 섬긴다.

우리는 예배가 공동체를 얼마나 잘 성장하게 하는가에 기초하여 부분적으로 예배의 질을 평가할 수 있다. 특별히 커뮤니케이션 기술은 우리가 서로를 알고 섬기고 사랑할 수 있도록 도와주는가? 우리는 다른 사람들에게 더 잘 귀기울이고 그들과 더 깊이 교제하는가? 아니면 예배의 기술적인 규모와 스타일이 공동체를 그저 매주 스쳐 지나가는 관광객들의 무리로 바꾸어 버리지는 않는가? 우리는 청중 이상인가? 종교 메시지를 듣는 개별적인 소비자 이상인가?

만일 우리가 주의하지 않는다면 프레젠테이션 기술의 사용은 분쟁을 일으킬 수도 있다. 어리석게 사용했을 경우 그 기술은 회중을 시장이나 생활 양식에 따른 그룹들로 분리하여, 세대 간 교제를 방해할 것이다. 이러한 기술이 음악과 관련된 '예배 전쟁'에서 우리가 목격한 수준의 갈등까지 유발하지는 않을 것이다. 그럼에도 불구하고 교회들은 차차 이 문제에 접근해야 하며 기술 사용과 관련한 논의에 회중을 참여시키고 모든 세대에 호소할 수 있는 기술 사용을 강구해야 한다.

예배의 정신

예배는 하나님만 전적으로 거룩하시다는 존경심, 우리를 위해 하나님이 행하신 모든 것에 대한 감사, 하나님은 하나님이라는 사실만으로 높임받기에 합당하다는 찬양의 정신으로 행해져야 한다. 기독교 예전은 부분적으로 하나님의 임재 가운데 일어나는 하나의 기념 행사다. 우리의 기념이 콘서트, 교실 혹은 회사 회식의 색채를 띤다면, 이는 주님께 드리는 겸손한 제사에 맞는 존경심이 부족한 것이다. 또 감사가 결여된 예배는 신자들을 자기 만족에 빠뜨릴 수 있다. 마지막으로, 찬양이 부족한 예배는 대개 너무 현학적이거나 단순히 오락적인 행사로 전락한다.

성령께 속한 것과 성령께 속하지 않은 것 사이의 경계를 구분하기가 쉽지 않을 때가 있다. 예배를 위해 모이는 모든 그룹은 자신들의 예전적 노력을 이끄는 정신에 대해 평가해 보아야 한다. 특정 개인들과 그룹에게, 피아노에서 파워포인트에 이르는 기술은 그 예배자들의 마음을 고양시키거나 가라앉힐 수 있는 힘을 발휘한다.

인간의 지혜는 하나님을 두려워함으로(혹은 경외함으로) 시작된다. 예배도 그렇게 되어야 한다. 예배는 마케팅이나 소비 혹은 오락을 위한 장소가 아니다. 그런 장소에서는 침묵이 불편해진다. 조용함이 볼거리에 자리를 내주게 된다. 좋은 예배의 일부임이 분명한 자연스러운 친교 같은 선물은 더 이상 예전적으로 존재하지 않게 된다. 오늘날의 시대 정신은 찬양으로의 부르심을 가리워 버릴 수 있다. 하나님의 음성을 듣고 찬양과 감사로 반응하는 대신 우리는 우리 자신의 시끄러운 유흥을 만들고 그것에 반응하게 된다.

결론

프레젠테이션 기술이 예배에서 잘 사용될 경우, 이는 전통을 잘 살리고 또한 일부 예배자들을 무의미한 전통주의에서 벗어나게 할 수 있다. **전통주의**가 "산 자들의 죽은 믿음인 반면, **전통**은 죽은 자들의 살아 있는 믿음이다."[24]

우리는 "안내자와 교사로서 전통을 필요로 하며, 심지어 '새로운 노래'로 하나님께 진실된 찬양을 드리려고 모색하는 때에도 전통은 필요하다."[25] 그러나 성령 또한 필요하다. 최근 수십 년 동안 어떤 교회들은 자신들의 예배를 인상적인 영상과 소리로 '펌프질' 하는 수단으로 기술을 보아 왔다. 그렇게 기술적으로 강화된 열광주의는 일부 좋은 면이 있을지 모른다. 그러나 기술 그 자체만으로는 의미 없는 전통주의를 극복할 수 없다.

프레젠테이션 기술은 설교의 요점을 강조할 수도 있고 특별한 예전 행위들에 주의를 기울이게 할 수도 있다. 그 기술은 찬양의 분위기를 돋울 수도 있고 값진 예전 예술을 제공하며, 내가 이 책의 뒷부분에서 논할 다른 많은 유익들을 제공할 수 있다.

하지만 기술이 게으름과 형편없는 훈련 혹은 예배에 대한 이해 부족으로 인해 잘못 적용될 때, 예배에 해를 끼치고 교훈에 치우친 가르침과 부적합한 오락 혹은 종교적인 소비를 조장할 수 있다. 만일 성경적이고 의미 있는 공예배를 드리고자 한다면 예전 요소들의 의미와 예배의 흐름을 이해하는 것이 중요하다.

high-tech worship 3
공예배와 기술

한때 스테인드글라스와 예복, 깃발, 세례장의 장식들이 예배 분위기를 창출했던 반면, 이제는 동영상 프로젝터가 빠르게 진행되는 중략된 이미지들을 스크린 위에 비쳐 준다.[1] _로버트 필립스

디지털 기술은 산업화 사회에 살고 있는 대다수 사람들에게 일상의 한 부분일 뿐이다. 우리는 자동차나 전자레인지, 온도 조절 장치를 작동하기 위해서 컴퓨터에 의존한다. 시계가 있기에 일정을 맞출 수 있고 시간을 좀더 쪼개어 쓸 수 있다. 비행기로 여행하고 슈퍼마켓의 계산기를 신뢰한다. 최근에 한 목사는, 자기 손녀가 비디오에 테이프를 넣고 재생시킬 줄 안다고 말해 주었는데 그 아이의 나이는 겨우 한 살 반이었다.

예배에서도 기술적인 측면은 빠질 수 없다. 교회도 냉난방 시설이나 전기 조명, 파이프 오르간, 스피커를 사용한다.

거기다 책이나 비품을 비롯해 대접, 잔, 촛대 같은 예전에 쓰이는 도구들 역시 기술의 산물이다. "헌금을 걷는 여러 장치들의 역사"라는 주제로 박사 논문을 쓴 사람이 있을지도 모르겠다. 최근에는 신용 카드로

헌금을 받는 교회도 있다고 한다.

역사적으로 예배에 영향을 끼쳐 온 기술에는 생명공학, 정보 처리, 위생 시설, 시간 기록, 천문 기기, 운송 등이 있다.[2] 기술의 진보는 언제나 공예배에 영향을 미쳐 왔다.

어떤 기술은 예배 의식 속에 깊이 박혀 있어, 우리가 더욱 의미 있고 아름다우며 질서 정연하고 효과적으로 예배할 수 있도록 돕는다. 예를 들어 악기가 성도들이 주님께 찬양하는 것을 어떻게 돕는지 생각해 보라.

수도원 예배자들은 '성무'를 조정하는 수단으로 시계를 고안해 냈다.[3] 그들은 결국 서양의 모든 기독교 예전이 대부분 시간에 맞춰져 행해지게 될 것이라고는 생각하지 못했을 것이다. 임의적이긴 하지만 표준 예배 시간은 한 시간인 듯하다.

현명한 기술 사용의 원칙 "네! 하지만"

기술을 정의하는 문제는 "포르노를 정의하긴 어렵지만 그것을 보면 바로 포르노인 줄 알 수 있다"라고 한 대법관 포터 스튜워트(Potter Stewart)의 말을 생각나게 한다. 우리는 모두 기술을 알아볼 수 있다. 내 사무실 창 밖의 잔디 깎는 기계나 방금 앞을 스쳐 지나간 자동차, 무더운 7월의 날씨를 식히기 위해 이웃집 아이들이 갖고 노는 물총, 내 책상 위의 스테이플 제거기 등을 보면 그 모든 것에 기술이 사용되었음을 알 수 있다.

기술에 대해 더 깊이 이해하려면 단순한 장비뿐만 아니라 기계 전반

'기술'의 정의
> 기술은 1) 하나님이 창조하신 세계를 가꾸기 위해 우리가 사용하는 **물리적 장치들**(도구들), 2) 이러한 기구들에 우리가 붙이는 **의미**, 3) 우리가 그것들을 사용하는 **방법**을 포함한다.

에 대한 우리의 이해를 인식하고 평가할 수 있어야 한다. 기계를 어떻게 사용할지에 대한 관점도 포함해서 말이다. 이것이 기술에 대한 이해의 **수사적 성격**이다.

기술(technology)의 어원인 고대 헬라어 '테크네'(*techne*)는 '수사' 또는 '설득'의 이론에서 온 말이다.[4] 헬라인들은 말이 개인과 사회에 영향을 미치며 심지어 실재에 대한 사람들의 지각을 형성할 수도 있다고 믿었다. 굳이 윤리적이지 않더라도 강력하고 효과적인 말을 사용한다면 사람들을 쉽게 설득할 수 있다. 전자 기기들이 세상에 영향을 끼친 것처럼 우리의 문장과 예술품, 소설, 영화는 세상을 뒤흔들 수 있다. 말뿐만 아니라 시각적·언어적 상징들은 좋은 방향으로건 나쁜 방향으로건 예배를 바꿀 수 있다.

기술의 수사적 측면은 장치들이 우리에게 무언가를 '의미'할 수 있음을 나타낸다. 기술이 강력한 힘을 갖고 있는 부분적인 이유는 그것이 상징적 의미를 내포하고 있기 때문이다. 자유의 상징인 자동차나 개인 오락의 상징인 텔레비전을 생각해 보라. 오늘날 우리는 진보를 대개 기술 혁신이나 경제 성장의 관점에서 정의한다.

커뮤니케이션 기술은 단순히 의도된 메시지만 전달하는 중립적 도구가 아니다. 그러한 장치들은 종종 힘과 효율성, 통제의 의미를 내포한다. 그런데 이러한 것들은 물리적 장치에 내재된 것이 아니다. 우리

의 기술적 행위가, 우리가 세계를 지각하고 다른 사람들의 말과 메시지를 듣는 방식을 형성한다.5)

따라서 기술은 장치, 의미, 사용법으로 구성되어 있다. 우리는 선하거나 악한 여러 가지 목적을 위해 이것들을 하나님의 창조 세계에 활용한다. 일반적으로 교회는 새로운 기술을 그다지 많이 만들어 내지는 않는다. 더욱이 교회가 사회에서 사용하는 기술의 의미를 일차적으로 '정의하는 자'는 아니다. 앞에서 내린 기술의 정의에서 나는 **창조**라는 단어를 언급했다. 그러나 이 단어가 기술에 대해 다루는 대부분의 책에 통용되는 것은 아니다. 창조는 창조자를 함축한다.

만일 기술이 특정한 의미와 관행을 포함하는, 편향된 도구라면, 우리는 어떻게, 언제, 왜 그리고 어디서 그것을 사용할 것인지에 대해 유의해야 한다. 그렇다면 새로운 기술에 대한 현명한 접근은 "네! 하지만"(yes, but)의 방식일 것이다. 네! 우리는 이웃을 내 몸과 같이 섬기기 위해 기술을 사용할 것입니다. **하지만** 기술이 지닌 내재적 선함이나 악함에 대한 과장된 표현에는 속지 않을 것입니다. 네! 새로운 기술은 부분적으로 하나님의 독창적 창조를 드러냅니다. **하지만** 타락한 우리 인류는 기술을 사용해서 지상에 하나님 나라를 임하게 할 수는 없을 것입니다. "네!"는 불완전한 기술의 사용을 축복하시는 하나님에 대한 믿음이며, "하지만"은 우리의 어리석음과 오만, 즉 모든 죄에 대한 인정이다.

역사는 새 기술이 유토피아적이거나 묵시적인(Y2K를 기억하는가?) 수사 그 어느 것에도 결코 부응하지 못함을 보여 주었다. 기술 맹신자들이나 기술 공포증 환자들 모두에 대한 대답 역시 "네, 하지만"이다.

예배에 기술을 도입하는 네 가지 접근 방법

예배에서 기술을 어떻게 다룰 것인가에 대해서는 기본적으로 세 가지 선택안이 있다. 첫째, 기술을 **거부**하는 것이다. 거부의 이유는 여러 가지로 쉽게 들 수 있다. 선교나 사회 정의, 교육 등에 대한 성도들의 헌신에 비추어 볼 때 기술 도입에 드는 비용은 너무 막대할 것이다. 만일 구식 또는 신식 기술이 예배를 약화시키거나 성도들 간의 교제나 지역 사회에 대한 봉사를 방해하기 때문에 그것을 거부한다면 충분히 합리적인 결정이 될 것이다.

많은 교회가 기술 도입을 염려하는 주된 이유는 프레젠테이션 기술이 자동적으로 예배를 오락으로 변질시키리라고 생각하기 때문이다. 이러한 생각은 너무나 당연한 '사실'로 여겨져서 거의 반대 없이 받아들여진다. 영화 비평가인 닐 개블러(Neal Gabler)는 "1990년대의 초대형 교회 운동은 수천 명의 예배자들을 휑뎅그렁한 강당으로 끌어들였다. 또한 록그룹들이 스타디움을 채우는 것과 똑같은 도구를 활용했다. 음악뿐만 아니라 조명 쇼라든가, 설교를 제시하거나 비디오 클립들을 보여 주는 거대한 OHP가 등장한 것이다. 어떤 곳에는 커피 판매대와 푸드 코트도 있었다"[6]라고 밝힌다. 개블러의 주장은 기술이 어떻게 그가 묘사한 상황들에 공헌했는지에 대해선 분명히 다루지 않는다. 개블러가 묘사한 전형적인 모습에 들어맞지 않는 하이테크 교회도 많다.

그럼에도 불구하고 예배에서 프레젠테이션 기술이 차지하는 역할을 고려할 때 이와 관련해 생겨날 수 있는 문제들을 진지하게 인정해야 한다. 어떤 교회들은 특정 기술이 다양한 예배 유형이나 스타일, 순서와 맞지 않는다는 것을 발견할 것이다. 그들은 자신들의 고유한 예배 전통으로 인해 프로젝터 스크린이 사실 예배 분위기를 더 좋게 하지 못한다는 것을 발견할지도 모른다.

두 번째 선택 안은 기술을 예배에 직접 도입하는, 즉 기술을 **채택**하는 것이다. 채택은 **예배 장소 밖에서 기술을 사용하는 것처럼** 새로운 기술을 무비판적·무반성적으로 사용하는 것이다. 예를 들어, 우리는 모두 스피커나 마이크가 사회에서 상당히 다양한 방법으로 사용된다는 것을 안다. 그 중에는 예배에 적합한 경우도 있을 것이다.

많은 교회가 비디오 클립과 슬라이드 사용 방법 및 아이디어를 교회 바깥에서 얻고 있다. 정보의 요점을 전달하는 기술로 주로 파워포인트를 사용하는 비즈니스와 교육 분야는, 교회에 영향을 끼치는 외부의 두 원천이다. 이런 종류의 프레젠테이션 기술을 무분별하게 채택하다 보면 때로 '정보 전달' 같은 강의 중심의 가르침을 점점 더 강조하는 예배 스타일로 성도들을 이끌 수 있다. 이는 그리 놀랄 만한 일이 아니다.

외적 원천에서 기술을 채택하는 것의 문제는, 예전에 의도하지 않은 영향을 미치는 것을 대체로 간과한다는 점이다. 윈스턴 처칠(Winston Churchill)은 건축에 대해 "우리는 건물을 만들고 이후에 건물은 우리를 만든다"[7]라고 말했다. 모든 기술적 관행에도 같은 것이 적용된다. 우리가 기술을 채택하고 제도화하는 동안 그것은 우리가 생각하고 느끼고 커뮤니케이션하는 방식을 전반적으로 변화시킨다.

교회는 힘을 상징하는 새로운 기술을 채택하려는 경향이 있으며 그것을 선한 목적을 위해 사용하기 원한다. 어떤 하이테크 교회는 "세 가지 힘을 지닌 M, 즉 다문화(Multicultural), 다감각(Multisensory), 다중 매체(Multimedia)"라는 개념에 대해 이야기한다. 이것은 다른 교회에서 온 참가자들에게 "영상 매체, 환경, 문화를 예배 경험에 통합시킴으로써 삶을 변화시키는 장소를 창출하는" 것에 대해 가르치기 위해 마련된 한 교회 컨퍼런스의 주제였다.[8] 예배에 최첨단 기술을 사용하는 것을 지지하는 한 단체는 "오락 산업의 수준과 맞먹는 최고의 기술"이 필요하다고 말한다.[9]

> **예배에 기술을 도입하는 네 가지 접근 방법**
> 1. 거부 – 특정 기술이 예배 스타일과 전통에 청지기적으로 사용될 수 있다는 보장이 없다고 본다.
> 2. 채택 – 기술을 예배에 사용하면서, 교육이나 오락 분야처럼 다른 목적에 사용되는 것과 마찬가지 방식으로 적용한다.
> 3. 적용 – 특정한 기술을 어떻게, 언제, 어디서, 왜 예배에 적절하게 사용할 것인지를 분별한다.
> 4. 창조 – 특별히 예배를 위한 차세대 기술을 고안해 낼 개인이나 단체에 투자한다.

영상 매체가 사람들에게 영향을 미치는 힘에 대한 이런 종류의 말은 대개 산업 분야에서 처음 등장한다. MTV 채널의 설립자 한 명은 채널 초창기에 "우리의 주 시청자는 텔레비전과 로큰롤과 함께 자란 세대다.…이들을 가장 잘 사로잡을 수 있는 방법은 감정에 호소하는 것이다. 만일 그들의 감정을 계속 사로잡아 논리적인 것을 포기하게 한다면 그들을 완전히 얻은 것이다"라고 말했다. 그는 "MTV의 정서는 그것을 이루는 부분들의 총합보다 크다"고 덧붙이며 '분위기와 감정'에 의존하는 프로그램을 도입한 그 방송을 칭송했다.[10]

예배에 기술을 도입하는 세 번째 방법은 **적용**으로서, **새로운 기술을 예배의 목적에 맞도록 현명하게 적용하는 것이다**. 이는 실행하기가 참 어렵다. 이 방법은 특별히 예전적 목적을 위해 예배에서 커뮤니케이션 기술을 사용하는 최적의 방법에 대해 신중히 생각할 것을 요구한다. 우리가 예배의 목적을 기술 사용 앞에 놓는다면 **어떻게**, **언제**, **어디서** 그리고 무엇보다도 **왜** 특정 기술을 사용할 것인지에 대해 묻게 된다. 그저 단순히 '새로운 시각적 언어'를 창조하거나 '청소년들에게 다가서기 위해' 또는 '시대와 발맞추기 위해'라는 식의 흔한 말에 기댈 수는 없다. 대신 **예배**라는 특정한 예전적 행위 안에서 매체의 사용을 정당화해야만 한다.

예배에 기술을 사용하는 것에 대한 네 번째 접근법인 **창조**는 교회에 가장 큰 자율성을 부여한다. 교회는 특별히 예배를 위한 기술 혁신에 관여하고 있는 재능 있는 개인이나 단체를 후원할 수 있다. 교회는 교회 벽을 장식하기 위해 '세속의' 예술품을 사는 것처럼 다른 분야에서 기술을 들여와 적응시키려 하기보다는, 예전 예술과 프레젠테이션 기술의 후원자가 됨으로써 기술적으로 더 진취적일 수 있다. 점점 더 많은 예전 관련 예술가들이 예배에 적합한 재료들을 만들어 내고 있음에도 불구하고, 불행히도 오늘날 교회는 새로운 기술을 창조하는 데는 별로 관심을 보이지 않는다.

샬롬을 생각하는 예전

기술적 적용이라는 개념은 기술 사용에 대한 성경적 근거, 즉 하나님의 창조 세계의 청지기 혹은 관리자라는 우리의 소명으로 이끈다. 신학자들은 가끔 창세기 1장과 2장에 표현된 하나님의 창조의 '시작'에 대해 말한다. 하나님은 '심히 좋은' 세계를 창조하시고 인간들에게 그 세계의 관리자 역할을 맡기신다. 우리 역시 이 좋은 창조 세계를 돌보고 발전시키도록 부름받았으며 이것은 신약의 비유에서 되풀이되는 **문화 명령**이다(예를 들어 눅 19:11-27).

오늘날 우리는 아담과 하와가 땅을 경작하기 시작했던 것처럼 창조 세계에서 '노동'을 한다. 하나님은 인간을 '세상**으로부터**' 구하신 것이 아니라 '세상**을 위해**' 구하심으로써 그들이 이 창조 세계를 다스리고 구속할 수 있는 왕이요 제사장이 될 수 있도록 하셨다.[11] 이런 점에서 소위 기술 혁신은 인간의 책임 있는 관리자 역할에 대한 하나님의 명령에서 근거를 찾을 수 있다. 우리는 하나님의 창조 세계의 청지기로서 기술을 발전시키고 이용해야 한다.

우리의 소명은 무분별한 개발이 아니라 책임에 근거한다. 우리는 하나님의 영광을 위해 이웃을 섬길 수 있도록 문화·기술의 발전을 적절히 이용해야 한다. 새로운 기술이 얼마나 흥미롭고 재미있게 보이건 간에, 타락한 이 세상을 회복시킨다는 더 큰 목적 안에서 그것들을 바라보아야 한다. 물론 이 창조 세계에 새롭게 등장한 새 도구들을 유희의 대상으로 삼을 수도 있다. 그렇지만 그러한 유희조차 기쁨과 선함을 촉진하는 더 큰 사명에 적합해야 한다.[12]

아마도 기술 혁신에 관한 우리의 원대한 소명을 이해하는 데 사용할 수 있는 가장 적합한 용어는 **샬롬**일 것이다. 이 단어는 안식일을 지키는 것보다 더 풍부한 어떤 것, 즉 우리의 창조자, 창조 세계, 다른 인간들, 그리고 우리 자신과 조화를 이루며 사는 것을 의미한다. 샬롬은 우리 자신의 유익과 이기적인 욕망이 아닌 하나님의 명령에 순종하며 사는 것을 상징한다. 샬롬은 파괴된 세상 속에서 우리 삶에 대한 하나님의 계획에 따라 인류가 번창하도록 이끈다. 또한 그것은 무엇보다도 우리가 예수 그리스도의 은혜의 도구이자, 우리를 위해 자기 목숨을 버리신 분의 순종적인 제자가 되었음을 의미한다. 우리는 사랑을 전하는 자이며 세상에서 '평화와 정의'의 대리인으로 부름받는다.[13]

그렇다면 예배에 새로운 기술을 사용하기 전에 프로젝트 스크린을 어디에 설치할 것인가, 또는 어떤 종류의 장비를 구입할 것인가와 같은 당장의 실질적 문제에서 한걸음 물러서야 한다. 그리고 우선 어떻게 하면 기술적 행위가 우리를 하나님의 창조 세계의 관리자로, 그리고 샬롬의 대리인으로 세우는 것을 도울 수 있는지를 고려해야 한다. 우리는 그저 우리 기분을 좋게 하기 위해, 도덕적 교훈을 가르치기 위해, 성경에 대해 배우기 위해, 더 많은 사람을 예배로 끌어들이기 위해, 지역 사회에 우리 교회를 알리기 위해 하나님을 예배하라고 부름받지 않았다. 우리는 복음을 전하며 복음대로 살아가는 관리자다. 예배는 하나님의 창조를 기뻐하며 감사함으로 샬롬을 전하는 희생적 삶으로 우리를 이끈다. 예배에서 기술에 대한 우리의 소명은 바로 인간이 만들어 낸 기술을 이러한 선한 목표에 적용하는 것이다.

옛 것 속에서 새 것을 생각하기

이러한 성경의 지혜를 염두에 두고 우리는 **"새로운 형태의 매체가 낡은 것을 결코 대신할 수 없다"**는 중요한 역사적 통찰을 고려할 수 있다. 표면적으로 이 주장은 우리의 경험과 대치되는 것으로 보인다. 수동식 인쇄기와 여덟 개의 트랙이 있는 오디오는 어찌되었는가? 기술의 진보라는 수사는 과거가 현재와 무관하며 인간의 새로운 발명품이 언제나 옛 것을 쓸모없는 것으로 만들 것이라는 그릇된 인상을 심어 준다.

그러나 좀더 자세히 살펴보면, 초기 형태의 매체들이 새로운 관행에 맞게 적용될 수는 있어도 매체의 일반적 **형태**가 완전히 사용 중지되는 일은 결코 없다는 것을 알게 된다. 예를 들면, 인쇄기의 등장이 말하기나 듣기를 대체하지는 않았으며, 전자 매체가 읽기나 쓰기를 대신하지 않았다. 하나님의 창조는 과거의 것을 모두 억눌러 찌부러뜨리는 것이 아니라 '열어젖히는' 것이다. 이러한 관점에서 기술의 진보라는 개념은 대부분의 사람들이 믿는 것보다 훨씬 더 파악하기 어렵다. 새로운 것이 낡은 것을 완전히 대체하지는 않는다, 오직 다이얼식 전화기나 깃털 펜 같은 **특정 기술**이 문화에서 사라지는 것이다. 물론 어떤 이들은 이런 골동품도 수집이나 장식의 목적으로 간직하겠지만 말이다.

우리는 하나님의 창조 세계를 펼쳐 봄으로써, 세계 곳곳의 현존하는 인간 문화의 관행뿐 아니라 교회사의—허다한 '구름 같은 증인들'의—예배 관행을 활용할 기회를 얻는다. 우리는 목소리와 마이크, 인쇄기와 프로젝터, 몸과 의복, 초와 조명을 사용할 수 있다. 현재의 것과 과거의 것들로부터 현명하게 선택하여, **모든** 종류의 매체를 우리 마음대로 사용할 수 있는 기회, 이것이 하이테크 시대의 진정한 유익이다. 우리는 책, 프로젝터, 목소리, 손을 사용할 수 있는 놀라운 기회를 가지고 있다. 현재는 물론 전통에 대해 배울 수도 있다. 심지어 전 시대에 걸쳐 찬양으로 회중의 예배를 채워 온 커뮤니케이션 행위와 폭넓은 매체 형태로부터 지혜롭게 선택함으로 다른 전통에 있는 사람들과 교류할 수도 있다.

결론

성 아우구스티누스는 예수 그리스도의 제자가 되고 나서 곤란한 상황에 직면했다. 그것은 소피스트 전통에서 연마한 수사 기술 때문이었다. 소피스트들은 어떠한 명분에 대해서라도 그럴듯한 주장을 할 수 있다. 아우구스티누스는 그러한 행위가 진리의 수호자인 그리스도인의 책임과 양립할 수 없음을 알고 있었다.[14] 아우구스티누스 이전 수백 년 전에 이미 교회는 수사 기술을 포기하였다.

그러나 아우구스티누스는 이 문제를 갖고 씨름하면서 수사학의 무분별한 차용과 무조건적인 거부 사이에 있는 갈등을 의식했다. 하나님 말씀의 수호자로서 아우구스티누스는, 비록 어떤 웅변가들이 악용해 왔음에도 불구하고 설득이 본질적으로 악한 것은 아니라고 바로 보았다. 또한 그는 영혼의 구원이 모든 종류의 설득 수단을 정당화하는 것은 아님을 인식하였다.

아우구스티누스는 자신의 수사적 유산과 관련하여 하나님 앞에서 신실함을 지키면서 교회를 위해 수사학을 재탈환하였다. 그는 그리스도인은 하나님의 진리를 천명하기 때문에 그 진리를 발전시키고, 그 진리대로 살며, 예배에서 그것을 선포할 의무가 있다고 주장했다. 그 역시 죄인이었지만 창조의 청지기로서, 진리 선포라는 교회 유산의 수호자로서 하나님의 은혜 안에서 살았다.

아우구스티누스가 수사학을 갱신한 것은 오늘날 교회가 기술을 어떻게 생각해야 할지에 대한 모범이다. 예배에서 프레젠테이션 기술을 사용하는 것을 전적으로 거부하는 것은 어리석다. 하지만 우리 시대의 소피스트들, 즉 기술이 지닌 힘 때문에 이를 숭상하는 사람들이 우리에게 예배에서 기술을 사용하는 방법을 지시하도록 허용하는 것 역시 잘못된 일이다. '하이테크 예배'에 대한 유토피아적인 혹은 디스토피아적인 주장에 대해 먼저 우리는 이에 대해 방어해야 한다. 그런 다음 하나님이 드러내신 창조 세계의 충만함 속에서 예배의 목적을 재발견해야 한다. 우리는 그 때 비로소 새 기술을 사용하면서도(네!) 모든 새로운 커뮤니케이션 매체가 인류가 이룬 진보의 전부이며 궁극적인 것이라고 해석하는 우리 시대의 수사적 미사여구에 휩쓸리지 않을 만큼(하지만!) 현명해질 것이다.

high-tech worship 4
기술은 손쉬운 해결책이 아니다

> 우리는 예배가 의미를 잃어버릴 정도로 현재의 문화적 기준을
> 따르게 해서는 안 된다.[1] _로버트 웨버

교회를 대상으로 실시한 조사에서 거의 반 정도의 교회들이 컴퓨터 프로젝션 시스템 사용을 더 늘리려 한다는 사실이 나타났다. 그러나 동시에 그 기술을 사용 중인 교회의 4분의 1은 예배당에서 '컴퓨터 기술을 제거해도' 그로 인한 영향은 전혀 없거나 미미한 정도일 것이라고 말한다. 만일 '어느 정도' 영향이 있을 것이라고 말한 사람들을 더한다면 조사 대상의 절반 정도가 될 것이다.

이들 교회가 프레젠테이션 기술을 더 효과적으로 사용하지 못하게 막고 있는 것은 무엇일까? 그들은 돈이 무엇보다 가장 큰 장애라고 말한다. 실제로 조사에 참여한 교회의 거의 3분의 2가 기술 향상을 위해 더 많은 투자를 필요로 했다.

돈으로 기술을 살 수 있으며 그것으로 거의 모든 것을 개선할 수 있

다는 것은 미국 사회에 깊이 뿌리박힌 신념이다.

우리는 직감적으로 기술적인 혁신은 본래 좋은 것이기에 삶의 모든 영역에 선진 기술을 도입해야 한다고 여긴다. 상업 광고들은 혁신을 사회와 경제 발전의 표지로 내세운다. 최신 발명품에 대해 우리가 제일 처음 보이는 반응은, 균형 잡힌 평가를 요구하는 것이 아니라 철길을 달려가는 기술 만능 기차에 무조건 올라타고 보는 것이다.[2] 우리 주변에 있는 기술 인프라는 우리로 하여금 우리에게는 모든 문제를 해결할 수 있는 도구가 있다고 직관적으로 느끼게 만든다. 물론 그것을 살 수만 있다면.[3] 돈은 진보를 가져다주고 진보는 선한 것이기에 교회는 반드시 그 진보를 구입해야 한다고 주장하는 것이다.

어떤 교회들은 신중하게 예배에 최신 기술을 도입하는 것이 아니라 유행에 뒤떨어지면 큰일 나는 것처럼 그러한 장비들을 구입한다(실제로 안 그러면 유행에 뒤떨어진다!). 새로운 기술이 잠시 머물 곳을 찾아 벌써부터 예배실 문을 두드리고 있기 때문에 이들은 기존의 기술을 평가할 시간이 거의 없다. 설사 기존의 기술이 기대치를 거의 만족시키지 못했다 하더라도 별로 상관하지 않는다. 기술의 한계를 뚜렷이 드러내는 과거를 보기보다 새로운 기술이 펼쳐질 미래를 바라보기 때문이다.

예배에서 프레젠테이션 기술을 사용하는 것에 대해 우리는 지나치게 낙관주의적 태도를 가진다. 이는 손쉬운 방법을 선호하는 우리 시대의 심리 상태를 보여 준다. 의료 문제, 영적인 문제, 경제 문제, 정치 문제 등 그 어떤 문제든 우리에게는 그것을 해결할 수 있는 기술적인 해결책(solution)이 있다고 가정하는 경향이 있다. 민주주의는 투표자의 참여율을 높이고 선거 결과를 좀더 신속히 보고하기 위해 온라인 투표를 필요로 한다. 암과 다른 무서운 질병을 치료하려면 연구 기술에 더 많은 돈을 쏟아부어야 한다. 교육은 첨단 기술을 갖춘 교실을 필요로 한다. 기업은 능률을 필요로 한다. 우리는 윤리나 미덕, 심지어 상식에 대해서는 거의 논의하지 않는다. 우리가 필요로 하는 것은 더 많은 기술과 혁신적인 기술이 전부다.

우리는 우리의 영적 침체를 최신의 강력한 기술들로 손쉽게 해결할 수 없다. 게다가 하나님은 연약한 자들 가운데 거하심으로써 종종 자신의 영광을 드러내신다.[4] 기술은 그 겉으로 드러난 힘을 가지고, 우리로 하여금 그리스도를 위한 삶이 자기 희생을 요구할 때의 힘들고 어렵고 고통스러운 모든 것을 제거할 수 있다고 믿도록 유혹한다.[5]

이 장에서 나는 교회들이 예배에서 프레젠테이션 사용을 정당화할 때 주로 드는 이유 몇 가지를 평가하고자 한다.

프레젠테이션 기술을 사용하는 여덟 가지 근본 이유

1. "우리는 젊은이들이 예배에 계속 흥미를 가지기를 원합니다." "우리는 청소년들을 잃어버리고 있어요." "우리 자녀들은 예배에 흥미를 잃었어요." "우리는 십대들이 예배에 관심을 갖도록 만들어야 해요." "청소년들은 MTV의 세상에서 자라고 있습니다. 교회가 살아 남고자 한다면 경쟁을 해야 해요."

이상은 청소년들을 예배에 참석시키기 위해 프레젠테이션 기술을 사용하고자 하는 교회들이 반복적으로 하는 말이다. 이러한 의견들은 많은 교회와 교단이 직면한 실질적 문제에 대한 절실한 반응이다. 조사에 참여한 교회의 4분의 3이 청소년들에게 '더 가까이 다가가기 위해' 시각 매체를 사용하기 시작했다고 말했다. 이보다 더 높은 비율을 보여 준 유일한 답변은 청소년들을 포함한 전체 교인에게 '더 가까이 다가가기 위해'라는 반응이었다.

그렇다면 청소년들은 예배에 도입된 새로운 기술을 어떻게 보고 있을까? 다음은 내가 접한 부정적인 반응들이다. "수준이 떨어집니다." "록 콘서트와 비교하면 교회는 장난이죠." "어른들은 좋아하는 것 같아요." "우리를 교회에 계속 나오게 하고 싶다면서 왜 우리가 기술을 담당하게 해주지 않죠?"

반대로 청소년들의 긍정적인 반응을 살펴보자. "현실적이에요." "나를 위한 예배죠." "이제 제 친구들을 교회로 초대할 수 있어요."

청소년들은 대개 관대하지만 정직한 비평가들이다. 그들에게 한번 물어 보라. 그들은 하이테크 예배를 좋아하지만 그 예배가 형편없다면 좋아하지 않을 것이다. 또한 그들은 왜 어른들이 예배 양식과 관련된 거의 모든 결정을 내리는지 의아해한다. 그들이 예배를 통제하기를 원하는 것은 아니다. 단지 어른들이 그들의 말을 들어주기를 바라는 것이다.

만일 교회들이 대중 문화와 기술로 경쟁하고자 한다면 대부분 그 전쟁에서 패배할 것이다. 몇몇 대형 교회들은 할리우드 초대형 영화에서나 볼 수 있는 기술적인 수준과 화려한 볼거리를 따라가기 위해 매년 수백만 불의 돈을 쏟아부을 것이다.

그러나 동영상 프레젠테이션을 예전에 포함시킴으로써 청소년들을 교회에 나오게 하려는 보통 수준의 교회들에게 이것이 될 법이나 한 소리인가? 우리가 만들어 내는 것의 대부분은 대중 문화와 비교할 때 보잘것없는 수준일 것이다. 우리의 노력을 예배에 적합한 것과 우리가 잘 할 수 있는 것에 제한하지 않는다 해도 말이다.

이 부분은 나중에 더 다룰 텐데, 프레젠테이션 기술을 예전에 적절하게 사용하는 한도 내에서 교회 청소년들을 그러한 기술의 기획과 훈련, 활용에 참여시키는 것은 어떨까? 어떤 젊은이들은 컴퓨터그래픽 디자인이나 비디오 편집 혹은 프레젠테이션 소프트웨어를 다루는 기술과 경험을 갖고 있다. 더욱이 그들은 종종 교회의 예전 행위에서 소외감을 느낀다. 그들 나름의 뛰어난 착상이 있을지도 모르며, 만일 교회가 확실한 멘토링을 제공할 수 있다면 그들은 하나님 나라를 위해 자신의 재능을 기꺼이 사용할 것이다. 그들은 그러한 과정에서 예전에 대해 배울 수도 있을 것이다. 하이테크 교회의 장점 중 하나는 젊은 교인들의 은사와 재능에 더 많이 열려 있다는 것이다.

2. 회중 찬양의 질을 끌어올려야 할 때다. 현대 예배 음악은 멜로디 위주이고 상대적으로 부르기가 쉽다. 그러나 현재 사용되고 있는 찬양집 대부분은 그러한 음악을 담고 있지 않기 때문에 예배 인도자들은 가사를 스크린에 투사하기 위해 OHP나 다른 수단을 사용한다. 기술 옹호자들은 가사를 스크린에 투사하면 회중을 고무하여 더욱 활기차게 찬양하도록 한다고 반복한다. 현재까지는

> **찬양할 때 스크린을 사용하는 것의 이점**
> 1. 다양한 자료에서 가져온 찬양을 사용할 수 있다.
> 2. 찬양 인도자들은 새로운 음악을 더 빨리 채택할 수 있다.
> 3. 예배자들은 찬양할 때 손과 몸을 자유롭게 사용할 수 있다.
> 4. 예배자들은 얼굴을 들고 자기 목소리를 낼 수 있다.
> 5. 방문객들과 다른 사람들은 책에서 페이지를 찾을 필요가 없다.
> 6. 책을 들거나 페이지를 넘기기 힘든 사람들에게 도움이 된다.

아마도 이것이 예배에서 프레젠테이션 기술을 사용할 때의 가장 큰 유익일 것이다.

그럼에도 불구하고 이런 기술과 음악 혁신의 참된 가치는 회중이 시간이 지나면서 점차 자신들의 예전을 수정하여 좀더 많은 감성적 예배자들을 끌어들이고자 할 때 생겨난다. 미국의 많은 예배는 감성적이지 않은데 이는 예배가 가슴보다 머리에 더 초점을 맞추기 때문이다. 찬양은 많은 사람들의 이러한 감성적 필요를 다루어 준다.

그러나 만일 예전의 나머지 부분들이 변하지 않는다면, 가사가 스크린에 뜨고 손을 자유롭게 들 수 있다고 해서 교인들이 더욱더 열정적으로 찬양할까? 물론 반드시 그렇지는 않을 것이다. 개개의 교회는 민족성, 거주 지역, 나이 등과 같은 여러 요인의 영향을 받은 자신만의, 오래된 문화를 갖고 있기 때문이다.

안식년을 맞아 아내와 함께 플로리다 주에 머물면서 우리는 변화를 감당하기 어려운 기존 교회 문화 속에서 찬양단을 도입하고 가사를 스크린에 투사하기 시작한 여러 교회들을 방문했다. 그 결과는 '어색한 예배'였다. 사람들은 손을 들기 원하는 것처럼 보였지만 그렇게 하는 사람은 거의 없었다. 음악 스타일과 회중의 반응이 부조화를 이루는 모습에 우리는 안타까웠다. 찬양단원들도

찬양할 때 스크린을 사용하는 것의 단점

1. 시간이 지남에 따라 점차 조화로운 찬양을 약화시킬 수 있다.
2. 많은 젊은이들은 악보를 어떻게 읽는지 배우지 못할 것이다.
3. 부모들은 어린아이들에게 손가락으로 글자를 가리켜 주면서 음악을 따라갈 수 없다.
4. 시각 장애인들은 여전히 큰 글자로 된 책을 필요로 할 것이다.
5. 스크린은 예배실의 아름다움을 손상시킬 것이다.
6. 새로운 노래를 배우기가 더 어렵다.

그 상황이 불편해 보였다.

　인쇄된 악보를 가지고도 활기 있게 찬양하는 전통들도 있다. 굳이 다른 교회를 따라하려고 애쓰기보다 그러한 전통을 되살리는 편이 더 나은 교회도 있을 것이다. 과거의 회중은 찬송가를 높이 들고 손을 올리고 목소리를 크게 내는 데 익숙한 경우가 많았다. 기술적인 변화가 이러한 모습을 자동적으로 되살리지는 못할 것이다. 그 어떤 기술로도 이것이 불가능한 교회도 있을 것이다.

　게다가 악보 없이 단지 곡조만 따라 부르게 함으로써 회중을 음악도 제대로 모르는 '음치'로 만들어서는 안 된다. 역사적으로 교회는 작곡가와 음악가, 성악가가 자신들의 재능을 다듬는 장소였다. 단지 가사를 읽는 것 이상을 요구하는 음악을 계속 사용할 때 교회는 자신뿐만 아니라 사회를 섬기게 된다.

　다행인 것은 가사뿐 아니라 악보도 스크린에 비추는 프로그램을 판매하는 회사들이 있다는 것이다. 그리고 어떤 회중은 이러한 방식으로 투사된 노래 가사에 대해 영적·문화적으로 준비되어 있기도 하다. 새로운 음악이 교리적으로 건전하고, 교인들로 하여금 하나님을 찬양하게 하고, 하나님께 순종하는 백성으로 빚어져 가게끔 돕는다면 그것을 사용해야 한다.[6]

3. 문화에 발맞추어 변화하지 않는다면 우리는 교인들을 다른 교회에 빼앗길 것이다. 이제 교회도 21세기를 수용해야 할 때라고 어떤 사람들은 주장한다. 새로운 예배 기술을 채택하지 못하는 교회는 더 넓은 문화와의 가교를 잃고 공룡처럼 멸종할 것이다. 좋든 싫든 하이테크는 우리의 미래다.

어떤 사람들은 더 많은 기술이 사용되는 예배를 선호하기 때문에 이것은 아마도 정당한 염려일 것이다. 그럼에도 불구하고 각 교회는 그 교회 자체의 역사와 지역 사회, 그리고 교인들의 은사와 재능을 고려하는 가운데 신실하게 대처할 수 있는 길을 찾아야 한다. 모든 교회들이 21세기를 동일한 방식으로 바라보지는 않을 것이다. 또한 그렇게 보아서도 안 된다. 예전의 다양성은 영적 생동감의 표지다.

논의의 균형을 이루기 위해 정반대의 문화적 경향 하나를 살펴보는 것도 가치 있는 일이다. 직장에서 하이테크의 삶을 사는 많은 사람들이 여가 시간과 집에서 보내는 시간에는 점차 더 단순한 삶의 양식을 선택하는 것을 볼 수 있다.[7] 아마도 21세기는 로테크 교회들의 시대이기도 할 것이다. 교회는 단지 기술을 광범위하게 사용하는 예배를 드리는 데만 신경 쓰지 말고 어떻게 하면 교인과 이웃들을 가장 잘 섬길 수 있는지 고민해야 한다. 상황에 따라 기술은 도움이 될 수도 있고 그렇지 않을 수도 있다.

시애틀의 한 목사는 교인 절반이 마이크로소프트 사(社)에 근무하지만 로테크 교회가 되기로 결정했다. 넘쳐나는 비디오와 DVD, 영화, 컴퓨터 제품들을 보면서 그는 이것들을 '따라잡으려는 시도'를 하지 않기로 결정했다. "우리는 아무것도 없는 한가로운 1세기 교회로 갑니다. 화려한 기술 대신 저는 시와 무용과 침묵과 묵상과 읽기와 한 시간 정도의 이야기식 설교를 할 것입니다."[8] 그는 자신의 회중을 제대로 파악했고 그들에게는 기술이 적게 사용되는 예배가 필요하다는 결정을 내린 것이다.

4. **좀더 강력한 예배 경험을 창출해야 한다.** 어떠한 이유에서건—많은

이유가 있겠지만—많은 사람들이 예배에서 하나님의 임재와 신자들 간의 교제를 경험하지 못한다. 그들에게 '교회에 가는 것'은 기껏해야 공허한 의식이며, 최악의 경우는 죄책감을 피하기 위한 수단일 뿐이다.

이러한 상황이 벌어진 이유 중 하나는 점점 더 많은 사람들이 살아 있는 믿음을 위한 영적 훈련의 시간을 갖지 않기 때문이다. 개인 기도, 주일 성수, 손님 대접, 개인 및 가족 경건의 시간, 묵상, 성경 읽기와 연구, 소그룹 참여, 대소요리 문답반과 주일 성경 공부, 그리고 다른 많은 활동은 교인들의 영적인 삶을 위해서뿐만 아니라 공예배의 건강을 위해서 중요하다. 일주일에 한 번 드리는 예배가 회중의 영적 필요들을 채워 주는 책임을 다할 수 있다고 보기는 어렵다.

게다가 강력한 예배 경험을 창출하기 위해 기술을 사용하려는 지나친 욕심은 교회를 너무 쉽게 실용주의적인 예배관에 빠뜨릴 수 있다. 감정을 들뜨게 하거나 기분 좋은 경험을 갖게 하는 것과 같은 단순한 목적들이 기술적인 수단을 정당화하지는 못한다.

몇몇 하이테크 예배 상황에서 예배는 너무 기술 지배적인 성격을 띠게 되었다.9) 최근에 한 동료는 온갖 매체들로 가득한 예배에 참석했는데 시각적으로 너무 정신이 없고 청각적으로는 온갖 소리들로 가득해 경건한 예배를 이끌어 내지 못했다고 말했다. 그 예배는 침묵과 묵상의 시간이 전혀 없는 멀티미디어 뮤지컬 쇼에 지나지 않았다. 예배가 끝나자마자 예배자들은 뒤도 돌아보지 않고 문 밖으로 재빨리 나가 버렸다. 몇 분 안 되어 예배실 안에는 그녀를 포함해 불과 몇 사람만 남아 있을 뿐이었다.

예전은 교인들에게 최대한의 영향력을 행사하고자 하는 조작으로 전락할 수 있다. 이러한 기계주의적 개념에는, 예배는 영적이고 종교적인 필요들을 채우도록 계산되고 규격화된 기계와 같다는 가정이 깔려 있다.[10]

여기서 문제는 사람들의 관심을 얼마나 잘 끌고 그들의 지겨움을 해소하느냐라는 관점에서 예배를 생각해야 하는가의 여부일 것이다. 예배에서 비디오 클립을 사용하는 한 목사는 "저는 영화를 사랑합니다"라고 말한다. "그림 하나가 천 마디 말의 가치가 있다면 영화 한 편은 백만 마디의 가치가 있지요."[11] 그러나 예배는 기본적으로 강렬하거나 통쾌한 감정을 제공하기 위한 것이 아니다. 예배를 통해 우리는 감사함으로 하나님을 찬양하고 섬김을 위해 믿음을 새롭게 한다. 예배는 개인이나 집단의 경험에 의존하는 것이 아니다. 그것은 하나님이 이 세상에서 행하신 것, 하고 계시는 것 그리고 행하시겠다고 약속하신 것에 초점을 맞추는 것이다. 궁극적으로 예전은 경험을 만들어 내는 우리의 기술이 아니라, 우리 삶 속에 임하시는 하나님의 은혜의 역사다.

5. 우리는 방문객들과 교인들에게 우리 교회가 일류 교회라는 것을 알려 주기 원한다. 이런 생각의 바탕에는 신자들은 예배당 시설과 예배가 교회 바깥 세상에 좋은 인상을 주도록 신경 써야 한다는 가정이 깔려 있다.

그러나 내가 걱정하는 점은, 좋은 인상을 심어 주려는 의도가 세상의 기준을 따라가려는 시도의 논거가 될 수 있다는 것이다. 교회는 이목을 끄는 기술 소비보다 더 높은 목표를 가져야 한다. 다른 교회들과 '보조를 맞추거나' 심지어 '경쟁하고자' 하는 생각은 결코 덕스럽지도 않고 교회의 본질에는 더더욱 맞지 않는다. 그러나 조사 결과 3분의 1

이상 되는 교회가 '다른 교회와 보조를 맞추기 위해' 예배에서 매체 기술들을 사용하기 시작한 것으로 나타났다.

거대한 새 강당과 최첨단의 비디오 통제실, 그리고 경기장 수준의 프로젝터에 대해 신나게 이야기하는 교회들은 어떤가? 그것은 교만인가 아니면 하나님에 대한 감사의 표시인가? 몇몇 인상적인 하이테크 교회들은 자부심이 다소 강하긴 하지만 그래도 하나님이 맡기신 것을 잘 관리하는 충실한 청지기다. 기술적으로 잘 갖추어진 교회와 그렇지 않은 교회 양쪽 다 교만해질 수 있다.

하지만 하이테크 교회의 진보와 관련된 논의는 별로 깊이가 없고, 선한 청지기직에 대한 관심을 잃을 수 있다. 본질적으로 예배에 대한 헌신 없이 기술적으로 일류가 되려고 하는 목표는 경건한 진보의 표시가 아니다. 만일 어떤 교회가 프레젠테이션 기술에 투자한 것을 자랑하지만, 그러한 프레젠테이션을 수십만 불의 비용을 덜 쓰고도 거의 똑같이 해 낼 수 있었다면 근본적으로 무언가가 잘못된 것이다. 실제로 이런 일이 몇몇 교회에서 일어나고 있다.

하이테크 기술 여부와는 상관없이 예배의 **질**과 교회 생활의 **풍성함**으로 사람들에게 감동을 줄 수는 없을까?

6. 새로운 기술을 사용하지 않고서는 교회의 양적 성장을 이룰 수 없다.
우리 조사에 의하면 미국 교회의 약 3분의 2가 적어도 '추구자에 민감하게 반응하기' 위해 예배에서 매체 기술들을 사용하기 시작한 것으로 밝혀졌다.

하지만 교인수가 많고 재정이 풍부한 교회들은 매체 기술 말고도 다른 자원들을 확보하고 있다. 그래서 성장이 꼭 매체 때문이라고 밝히기는 어렵다. 대형 교회는 최고 수준의 교회 '광고'를 하기에 입소문이 잘 난다. 또 교외 고속도로변과 같이 잘 보이는 곳에 위치해 있다. 넓은 주차 공간, 익명으로 출석할 수 있다는 점, 뛰어난 기술진, 유급 예배 인도자와 음악가들, 여기서 발생하는 다양한 심리적 요소 등이 교회 성장에 유리하게 작용한다. 작은 교회들은 부분적으로는 재원이나 전문 기술이 부족하고 부분적으로는 자기 능력을 과대 평가하기 때문에 고급 기술을 잘 사용하지 않는 것 같다.

교회의 수적 성장은 모호한 기준이다. 수적 성장은 그에 따라 파생되는 다른 요소들을 생각할 때 좋은 예배에 축복이 될 수도 있고 해악이 될 수도 있다.

7. 프레젠테이션 기술을 이용해 예배 공간을 확장할 수 있을 것이다. 새로운 예배당으로 이전하거나 아니면 기존의 예배당을 보수할 때는 예배 공간의 시청각적 면을 고려해야 한다. 그러므로 이 주장에는 상당한 무게가 실린다. 만일 어떤 교회가 수적으로 성장하고 있다면 기존의 예배 공간이 적합하지 않을 때가 올 것이다. 그 교회는 지(支)교회를 시작하기로 결정할 수 있지만 어떠한 경우라도 예배에 미칠 영향을 고려하지 않은 채 예배당을 확장해서는 안 된다.

전통적인 교회 의자나 최신 극장식 의자 모두 예전을 방해할 수 있다. 우리는 몸을 사용해 예배를 드리기 때문에 예전 공간의 신체적 유연성을 고려해야 한다. 만일 예배자들이 단지 앉고 일어서는 행위만 한다면 어떤 공간이든 대부분 활용할 수 있을 것이다. 하지만 기도, 성도에게 기름부음, 안수, 개인별이 아닌 그룹별 성찬식 참여, 무릎 꿇기와 같은 다른 많은 활동을 한다면, 교인들은 공간 확장과 관련된 복잡한 문제들을 고려해야 한다. 프레젠테이션 기술이라는 제한된 목적을 생각한다면 공간 설계가 훨씬 쉬워진다. 실제로 이는 최근 많은 교회 건물들이 사실상 강당 구조로 된 이유에 대한 부분적 설명이 된다.

나는 기본적으로 회중의 삶을 '친교'로 본다. 만일 대형 교회들이 소그룹이나 다른 관계 중심의 사역들을 육성하지 않는다면 그 교회들이 공동체로서 잘 기능할 수 있을까? 불가능하지는 않더라도 꽤 어려울 것이다. 기술은 시청각적인 명확성을 높여 예배의 공간 규모를 확장할 수 있지만 교인들이 교회가 **될** 수 있게 해준다는 보장은 없다. 기술이 보장해 줄 수 있는 것은 교회를 **운영할** 수 있다는 것뿐이다. 얼마나 많은 프레젠테이션 기술들을 사용하는지에 상관없이, 교회는 **참여**가 아닌 **소비**의 관점에서 대중적 행사들을 규정하는 주류 문화에 맞서기 위해 기술을 사용해야 한다.

8. 새로운 기술들은 청각 및 시각 장애가 있는 교인들을 섬기는 수단을 제공한다. 이것은 유일하게 예배에서 프레젠테이션 기술을 사용하는 것을 견고하게 지지하는 주장이다.

프레젠테이션 기술과 관련해 잘못된 가정 중 하나는 나이 많은 교인들은 그것을 좋아하지 않으리라는 것이다. 내가 가 본 한 교회는 겨울철이면 노인들로 가득 찬다. 새롭게 설계한 예배당 앞부분에 커다란 스크린이 설치되어 있고 자원 봉사자들은 설교 요점과 노래 가사를 투사한다. 의자 앞에 꽂혀 있는 찬송가를 사용하기 원하는 사람들은 그렇게 하고, 페이지를 넘기거나 찬송가 글자를 읽기 어려운 사람들은 화면에 나오는 가사를 따라가면 된다. 이 교회는 스크린에 가사와 함께 악보를 적절히 보여 줌으로써 찬양을 더욱 조화롭게 인도한다. 스크린이 위치한 곳의 조명이 적절하고 자막이 커서 예배당 어디에서도 잘 보였다.

예수 그리스도의 제자 된 우리는 독특한 필요를 가진 교인들을 새로운 기술로 어떻게 섬길 수 있을지 진지하게 생각해야 한다. 공예배에 기술을 최대한 잘 활용하는 것은 칭찬받을 만한 목표다. 모든 교인을 위해 예배의 질을 별 의미가 없는 만큼 높이는 것과, 예배에 제대로 혹은 온전히 참여할 다른 방편이 없는 사람들을 예전적인 대화에 끌어안기 위해 커다란 시도를 하는 것에는 큰 차이가 있다.

예배로서의 예배

진정한 예배에는 우리가 예배 경험을 만들어 내기 위해 사용하는 방식들과는 차원이 다른 본연의 가치가 있다. 예배를 포함한 모든 여가는 그 자체로 의미가 있다. 하나님을 찬양하는 것은 본래 올바르고 선한 것이다. 요제프 피퍼(Josef Pieper)가 「레저: 문화의 기초」(*Leisure: The Basis for Culture*)라는 책에서 말한 것과 같다. "'우리는 당신을 찬양합니다, 우리는 당신께 영광을 돌립니다, 우리는 당신의 위대한 영광으로 인해 감사를 드립니다.' 합리적인 유용성과 효율성이라는 범주에서 그러한 것을 어떻게 이해할 수 있을까?"[12]

궁극적인 예배 경험을 만들어 내려는 희망 때문에 우리는 자신도 모르게 예전 행위들을 단순한 기술로 변형시켜 버릴 수 있다. 그런 다음 예배를 **우리가** 노력을 통하여 만들어 낼 수 있는 것, 즉 어떤 **설비**의 차원으로 만들어 버린다. 예배에 대한 그러한 기술적인 견해는, 회중이 하나님을 위하여 예배를 드리도록 하는 것이 아니라 예전을 조작하게

끔 할 수 있다.

음악조차 특정 반응을 이끌어내기 위한 단순한 기술이 될 수 있다. 어떤 음악학자는 "**마음의 지속적인 상태로서의** 진정한 예배를 드리기 **원하는** 사람들은 음악이 예배를 창출하는 능력을 가졌다고 생각하지 않는다. 그들은 음악과 상관없이 예배할 것이다"라고 말한다.[13] 참으로 그렇게 신실한 사람들은 어떤 기교나 기술에 상관없이 예배할 것이다. 우리 주님은 절대적인 분이지만 우리를 책임감 있는 동역자로 부르셨다. 우리의 예전에서 성령을 제한하는 것은 "계산과 통제"에 초점을 맞추고 "은혜와 순복을 제외하는 것"이다.[14]

올바르고 적합한 예배는 "통제와 혼란이라는 두 악"을 피해야 한다. 어떤 교회들은 "모든 것을 완벽히 처리하는 것을 좋아해서 사실상 성령님이 계실 자리가 없다. 또 다른 교회들은 고린도전서 14장에 나오는 고린도 교인들처럼 너무나 임의적이고 훈련되어 있지 않아 교회의 구조와 내용 면에서 복음을 위협한다."[15] 예배는 "감동을 받는 것"만으로 충분하지 않다. 그리스도인은 예배드리러 모일 때 "의미 있는 진리를 전달해야 한다."[16] 예전 행위들은 성령의 능력으로 회중을 그리스도께 연합시켜야 한다. 그 결과 생기는 감사의 마음이 진정한 예배를 가장 잘 가늠하는 척도일 것이다. 하나님께 감사하고 그분께 찬양을 드리는 것은 성령 안에서 드리는 진정한 예배의 기초다.

결론

이 장에서 내가 한 경고들이, 새로운 기술을 앞뒤 가리지 않고 서둘러 사용하려고 하는 경향들에 대한 우려에서 나온 합리적인 것이기를 바란다. 손쉬운 방법을 선호하는 심리는, 단지 자가 기술이나 더 큰 효율성과 통제력을 지향하는 광범위한 문화적 경향만을 반영하는 것이 아니다. 이 심리의 저변에는 인간의 기술 숭배 성향이 깔려 있다. 이것은 우리의 관심을 훌륭하고 합당한 예배를 분별하는 것에서, 주님께 드리는 향기로운 제사일 수도 있고 그렇지 않을 수도 있는 다양한 도구적 목적들을 성취하는 것으로 돌린다.

우리는 이미 북미에서 부적합하게 '기술화된' 예배들을 많이 목격하고 있다. 인기 설교자들과 화려한 예배 쇼는 이러한 문제를 더 확실하게 드러내 주는 예다. 예배는 우리 자신의 노력이 아니라 하나님께 주의를 기울이게 해야 한다. 예전 행위의 의도는 다른 사람을 감동시키려는 것이 아니라 우리 가운데 하나님의 은혜를 나타내는 것이다. 어떤 작가는 "불신 사회 속에서 교회로 존재하기라는 난해한 문제에 대해, 교회는 기술이 손쉬운 해결책을 제공해 주리라는 미신적 신앙을 포기하는 것이 가장 중요하다"라고 말한다.[17]

high-tech worship 5
기술을 예배에 조화시키기

> 오늘날 우리는 '모차르트와 인터넷' 둘 중에서 하나가 아니라,
> 분별 있는(sensible) 것과 그렇지 않은 것 중에서 하나를
> 선택해야 한다.[1] _나단 미첼

만일 우리가 지혜롭다면 기술을 기리기 위해서 예배를 사용하는 것이 아니라 예배라는 상황 속에서 프레젠테이션 기술을 사용할 것이다. '기술 없는 예배'가 없듯이 '순수한 하이테크 예배'도 없다. 예배는 예배다. 예배의 예전적 행위들이 성경의 통전성을 존중하고 입증된 예배 전통들을 수용한다면 그 예배는 본질적으로 선하다. 오늘날 우리는 예전적으로 손쉬운 해결법을 선호하는 경향뿐만 아니라, 합당한 예배를 드리기 위해 오랫동안 교회들이 사용해 온 예전 행위들에 대해 무지함으로 고통받고 있다.

이 장은 좋은 예배와 기술의 **조화**(fittingness)를 다룬다.[2] **일치**(congruence), **적합성**(suitability), **적절함**(appropriateness)과 같은 용어도 있겠지만 내게는 조화라는 단어가 올바름과 온전함 그리고 질서

정연함의 의미를 더 잘 전달해 주는 것 같다. 나는 좋은 예배의 **조건들**과 특정 예전 운동이나 전통 속에 있는 **조화**에 관심이 있다. 바울은 우리에게 하나님은 질서와 화평의 하나님이시며 예배 드릴 때 모든 것은 "품위 있고 질서 있게" 행해야 한다(고전 14:33, 40)는 것을 상기시켜 준다.

조화로운 예전

조화의 기준에서 본다면, 우리는 프레젠테이션 기술을 **예전을 위해서** 사용해야 한다. 우리는 기계나 기술 장비들을 예배하는 것이 아니라 하나님을 예배하고자 한다. 니콜라스 월터스토프(Nicolas Wolterstorff)는 프레젠테이션 기술을 적용하는 데 도움이 될 조화로운 예전의 세 가지 측면을 제시한다.

첫째, 디지털 프레젠테이션은 **명확하게** 이루어져야 한다. 만일 프레젠테이션이 하나님이 말씀하시는 것이나 회중이 어떻게 반응해야 하는지를 모호하게 만든다면 예배의 대화를 방해할 것이다. 단순하면서 직접적인 커뮤니케이션은 지나치게 많은 정보나 영상을 투사하는 메시지보다 언제나 훨씬 낫다.

둘째, 예전 행위가 예전의 흐름과 의미보다 프레젠테이션 자체에 관심을 끌게 함으로써 교인들의 예배 자체를 **방해해서는** 안 된다. 목사인 내 친구는 '조작할 때 실수를 저지르는 OHP 책임자들'의 솜씨보다 컴퓨터 프레젠테이션이 항상 더 낫다고 말한다. 그의 말에는 일리가 있다. 잘만 하면 디지털 프레젠테이션이 구식의 OHP 투사보다 훨씬 더

깔끔하고 방해가 덜 된다.

나는 일전에 어떤 교회에 참석했는데 이 교회는 설교 요점을 설명하기 위해 화면에 애니메이션 기법으로 글자들을 날리고 있었다. 그런데 그것이 너무 많은 관심을 끈 나머지 어떤 예배자들은 매우 기쁜 얼굴로 "이야! 이 기술 대단하지 않아요!"라는 표정으로 옆사람을 툭툭 치고 있었다. 그 애니메이션화된 글자들과 날아다니는 단어들에 대한 회중의 반응은 우리가 예배에 집중하는 것을 방해했다.

셋째, 예전적인 관행들은 지나친 **어색함**이나 **어려움**을 유발해서는 안 된다. 프레젠테이션 기술은 흔히 예배 기획과 진행을 담당하는 수많은 사람들과 관련되어 있기 때문에 부분적으로 문제를 야기할 수 있다. 교회가 프레젠테이션 기술을 예배에 처음 적용할 때는 회중과 기술자들, 그리고 예배 인도자들이 그러한 변화에 익숙해질 수 있는 시간이 필요하다.

이 장에서는 조화에 대한 논의를 넓혀서 추가적인 면들을 다루고자 한다. 나는 **특정한 예전 행위에서, 그리고 예전 운동이나 전통과 같은 더 넓은 상황에서 프레젠테이션 기술의 조화를 고려할 필요가 있다**고 제안한다. 일반적으로 회중은 보존할 가치가 있는 예전 행위들을 물려받는다. 현명한 회중은 프레젠테이션 기술을 입증된 행위들에 적용할 것이다.

'모든 체형에 적합한 프리 사이즈' 혹은 하이테크 문화에서 흔히 거론되는 '손쉬운 해결책'과 같은 개념은 예배라는 상황에는 전혀 해당되지 않는다. 우리는 예배를 기획할 때 앞 세대의 예배자들이 만든

예배 프레젠테이션의 세 가지 잠재적 문제
1. 명료함의 부족
2. 예배를 산만하게 하는 것
3. 프레젠테이션의 어색함 내지는 어려움

소중한 관행을 저버리지 않으면서도 창의성과 융통성을 발휘해야 한다. 조화에는 신학적·역사적 요소뿐만 아니라 실용적·현대적 요소들도 포함된다.

자유 감리교회나 미주리 노회 루터교회, 혹은 독립 침례교회의 예배가 기술적으로 똑같아야 한다고 누가 말할 수 있을까? 아니면 같은 도시에 있는 두 곳의 성공회 교회 혹은 로마 가톨릭 교회들이 각각 나름의 역사와 회중을 가지고 있으면서도 동일한 기술을 사용해야 한다고 누가 말할 수 있을까? 그러한 동일함은 현재의 긴급함에 굴복하고 전통과 지역 관행들의 개별성을 무시하는 것이 아닐까? 그런데 이것이 바로 프레젠테이션 기술을 급속하게 채택하면서 우리가 직면하게 된 문제다. 즉 많은 교회들이 다른 교회들의 프레젠테이션 기술을 모방하고 싶어한다는 것이다.

조화를 추구하고자 한다면 적어도 예배 절기, 예배의 종류, 건축 양식과 예배 공간, 예술적이고 심미적인 요소들, 예배 순서, 신학-예전적 전통/운동을 고려해야 한다.

예배 절기

교회사는 예전 행위들을 제정하는 데 예배 절기가 얼마나 중요한지를 잘 말해 준다. 어떤 교회들은 여전히 연간 교회력을 따르면서 강림절, 공현축일, 사순절, 부활절, 오순절, 삼위일체 축일과 같은 절기들을 기념한다. 절기는 그리스도인의 삶의 뿌리가 될 수 있다. "이는 이미 현재의 시간 속으로 침입해 오는 평화와 치유의 미래로 우리를 휩쓸어 넣으면서 우리를 하나님의 이야기 속으로 이끌어 간다."[3] 정도의 차이는 있으나 모든 교회들은 교회력을 따른다.

교회 절기 속에서 기술은 얼마나 적합하게 사용되는가? 고난 주간의 금요일은 부활절만큼 하이테크 기술을 사용하기에 적당한가? 어떤 절기들이 조금 더 조용하고 묵상 중심적이어야 하는가? 부활절은 여러 세기에 걸쳐 교회의 가장 큰 축제일이 되었다. 그 다음으로 중요한 절기는 오순절로서 이는 성령을 통하여 하나님의 능력에 집중하는 때이며 확실히 경이와 기쁨, 신비로 가득 차야 하는 때다. 고난 주간의 금요 예배가 지극히 단순하고 기술을 거의 사용하지 않는, 심지어 삭막하기까지 한 예배라면 그 다음 부활절에는 완전한 축제 분위기로 멀티미디어적인 예배를 드릴 수 있을 것이다.

> **프레젠테이션이 산만하고 어색한 이유**
> 1. 멀리서 글자를 읽을 수가 없다.
> 2. 글자의 의미가 본문의 의미와 맞지 않다.
> 3. 슬라이드 순서가 맞지 않다.
> 4. 프레젠테이션의 진행이 회중이 읽거나 찬양하거나 아니면 묵상하는 때에 맞지 않다.
> 5. 슬라이드와 슬라이드를 잇는 연결이 자연스럽지 못하다.
> 6. 프레젠테이션을 구성하는 모든 슬라이드들 간에 심미적인 일치감이 부족하다.

예배의 종류

우리 동네의 한 교회는 전통적인 장로교 예전을 유지하면서도 매년 두 번 드리는 특별 예배 때에는 프레젠테이션 기술을 효과적으로 사용한다. 이러한 접근법의 단점은 기획 위원회가 단지 이 두 번의 특별 예배를 위해 별도의 기술을 준비해야 한다는 점이다. 장점은, 그래도 그 두 번의 하이테크 예배가 매우 성공적이라는 것이다. 예배 위원회는 프레젠테이션 기술을 잘 사용하기 위해 계속 질문을 던지면서 동시에 세심한 주의를 기울이며 그 두 번의 예배를 신중하게 준비한다.

절기와 상관없이 회중은 세례, 간증, 신앙 고백, 기도, 기념일, 치유를 위한 예배 등 많은 종류의 예배를 계획한다. 종종 그러한 예배들은 특별한 예전이 더해져 한층 더 살아난다. 프레젠테이션 기술은 매주 주일 예배를 넘어서는 창의적인 기회를 제공해 준다.

예배를 기획할 때마다 명료함과 산만함, 어색함과 관련된 잠재적인 문제들의 가능성을 인지하고 신경을 써야 한다. 나는 공적으로 신앙 고백을 하는 새신자의 삶을 소개하는 프레젠테이션에 감명을 받은 적이 있다. 특히 대형 교회는 새신자를 일일이 알기 어렵다. 그러므로 몇 장의 슬라이드와 새신자의 간단한 인사말 정도를 넣은 간단한 프레젠테이션은 전체 회중에게 그들을 알리는 좋은 기회가 된다. 뿐만 아니라 이는 각자의 영적 여정을 걷고 있는 기존 교인들에게도 격려가 된다. 나도 이와 비슷한 경험을 한 적이 있다. 교회 청소년들의 선교지 사역과 그들을 안전히 지켜 주심에 대한 감사 예배, 그리고 아직도 선교지에 남아 사역하는 신자들의 축복을 구하는 기도로 이어지는 선교 보고를 보고 깊은 감동을 받았다. 어떤 교회들은 세례를 받는 아기들이나 성인들의 근접 화면을 보여 주기 위해 비디오나 슬라이드를 사용한다.

건축 양식과 예배 공간

이것은 서로 상충하는 견해들로 가득 찬 꽤 성가신 문제다. 하나님께 영광이 되도록 예배 공간을 사용하는 방식과 관련하여, 마치 내가 모든 해답을 갖고 있는 체하기보다는 몇 가지 결정적인 질문을 통해 신중하게 접근하고자 한다.

우리는 대부분 프레젠테이션 기술을 고려하여 설계되지 않은 공간에서 예배를 드린다. 그래서 스크린을 설치하기에 적합한 벽 공간이나 안전하게 프로젝터를 설치할 수 있는 장소들이 부족하다. 몇몇 교회에서는 예배당 전면으로 쏟아지는 햇빛 때문에 고휘도 프로젝터를 사용해야 한다. 들어오는 빛을 차단하는 것은 너무 어렵기도 하고 또 그렇게 하면 창문과 예배 공간의 미학적 요소를 해칠 수 있기 때문이다.

거대한 성당을 본뜬 많은 교회 건물은 높은 창문에서 약간의 자연빛만이 들어오는 긴 예배당을 갖추고 있다. 창문들이 얼마만큼 남쪽을 향하고 있는지에 따라 실내는 아무런 보정 작업 없이도 투사해도 될 만큼 적당히 어두울 수 있다. 어떤 경우에는, 특별히 근대 건축 양식의 경우에는 창문을 가리는 것이 필요할 것이다. 프레젠테이션 기술을 옹호하는 어떤 사람은 심지어 "예산이 염려되고 예배 공간이 너무 밝으면 햇빛이 문제가 되지 않는 저녁에 예배 드리는 것을 고려해 보라"고 제안한다.[4] 다소 극단적인 처방이다.

프레젠테이션을 사용할 수 있도록 기존 교회들을 재설계하는 것은 요즘 눈에 띄는 건축 양식의 특색이다. 하지만 그러한 변화를 어떻게 계획할 것인가에 대해 건축가와 예전 기획자들이 항상 동의하는 것은 아니다. 창의적인 건축가들은 새로운 기술을 기존 건물 설계에 일관성 있게 적용할 수 있을 것이다.

공간이 어떻게 예전을 도울 것인가를 고려하지 않은 채 단지 하이테크 예배의 편리함만을 위해 예배 공간을 재설계하는 것은 유보해야 한

> **예배당에서 스크린의 위치 선정**
> 1. 예술, 조명, 파이프 오르간, 회중의 가시도 중에서 반드시 고려해야 하는, 타협할 수 없는 건축 및 장식 요소는 무엇인가?
> 2. 예배당 중간 부분과 앞부분, 양 측면 중에 어떤 공간이 개방되어 있는가?
> 3. 스크린은 늘 매달아 두겠는가? 아니면 더 무겁고, 더 비싸고, 전원이 필요한 이동식 스크린을 사용하겠는가?
> 4. 예배당 앞줄에 앉아 있는 사람들의 시선 각도는 어떠한가?(30도가 넘어가면 목에 통증을 유발한다는 사실을 염두에 두어야 한다)
> 5. 스크린의 위치, 전원, 송신선 등을 고려할 때 프로젝터를 어디에 설치할 수 있는가?

다. 프레젠테이션 기술이 우리가 **어떻게** 예배하는지뿐만 아니라 **어디에서**, 그리고 **언제** 예배하는지를 좌우해서는 안 된다.

예전 행위는 하나님이 주신 두 가지 차원, 즉 시간과 공간에서 이루어진다. 시간은 예전의 부분적 행위들이 언제 이루어지느냐 하는 것뿐만 아니라, 우리의 예배와 하나님의 역사상 구속 행위의 관계와도 관련이 있다. 예배 전통은 일단의 신자들이 찬양, 성찬, 신앙 간증과 같은 공동 행사에 참여할 수 있게 해주는 예전적인 개념을 포함한다. 어떤 전통 안에서 어떻게 예배를 드리는지를 배우는 것은 과거와 연속성을 갖게 해주는 수단이며, 탁월한 건축 양식은 우리가 이것을 잘 할 수 있도록 준비시켜 준다.

우리가 예전을 위해 공간을 사용하는 방식은 우리의 신학적 확신에 관해 많은 것을 말해 준다. 사실 모든 건축 설계는 은연중에 예배 신학을 반영한다. 스스로를 '하나님의 군대'로 보는 회중에게는 바실리카 형태가 적합하다. 스스로를 '세상 속의 하나님'으로 보는 교구는 천막 형태를 선호할 수 있을 것이다.[5] 아마도 가장 중요한 것은 예배자들이 하나님과 다른 신자들, 그리고 세상 사람들과 공간적으로 어떻게 관계를 갖는가 하는 문제일 것이다. 공간이 '모든 신자들의 제사장직' 혹은

'대제사장이신 하나님'을 암시하는가? 예배실은 예배 인도자와 독주자를 지도자와 리더로 보는가, 아니면 그들을 회중의 일원으로 배치하는가? 나는 여기서 예전 공간의 문제를 단순하게 소개했는데, 이는 기술적인 위치 선정이 가장 중요한 요인이 되어서는 안 된다는 점을 암시하기 위해서일 뿐이다. 아마도 기술적 요구가 예배 공간의 설계 방법을 결정하게 하는 것이 아니라, 기존의 예배 공간을 새로운 기술에 적응시키는 것이 최선의 방법일 것이다. 나는 교회가 아닌 강당처럼 보이는 공간에서 예배 드리는 것을 좋아하지 않는다. 또한 스크린이 장악하는 예배 공간을 좋아하지 않는다. 그럼에도 불구하고 나는 예배당 설계가 신학과 교회 조직뿐만 아니라 기호의 문제라는 점을 인정한다.

기존의 모든 예배 공간이 상당한 재정 투자 없이 프레젠테이션 기술에 잘 적응할 수는 없다. 교회가 프레젠테이션 기술을 정기적으로 사용하기로 결정할 때 분명 이것은 각 교회가 직면한 청지기직과 관련된 문제다. 어떤 교회는 예배당을 재설계하는 데만 수십만 불을 쉽게 사용할 수 있다.

고려해야 할 미학적 요소들

하나님은 우리가 아름다운 환경에서 번성하도록 창조하셨다. 하나님의 창조가 잘 보여 주듯이 그분의 의도는 우리가 추하게 사는 것이 아니다. 우리는 예배 공간을 잘 장식함으로써 하나님께 영광을 돌릴 수 있다. 조화로운 예배는 예술적으로 적합하며 미학적으로 영감을 준다. 우리가 예배하는 장소는 우리 마음을 하나님께 올려 드릴 수 있도록 인도해야 한다.

만일 교회가 전체 예산과 더 넓은 공동체의 필요에 맞지 않는 특별한 일에 엄청난 돈을 허비하지만 않는다면, 예배 공간을 인간이 만든 아름다운 작품으로 장식하는 것은 청지기직을 무능하게 수행하는 것이 결코 아니다. 깃발, 그림, 조각, 진열품들이 이러한 장식에 포함된다. 많은 교회 전통에서 스테인드글라스로 된 창문과 적절한 내부 장식은 중요한 비중을 차지한다. 성례전에 필요한 소품 역시 예전에 적합한 아름다움을 전달할 수 있다. 어떤 전통들은 다른 전통들보다 더 간소하지만 예술적 설계의 기본 원리들은 여전히 유효하다. 즉 우아함은 단순하게 나타날 수도 있고 유행에 맞게 표현될 수도 있다.

프레젠테이션 기술은 예배 환경을 아름답게 하는 또 하나의 도구다. 그러나 교회들이 기술을 너무 좁게 이해한 나머지 그러한 도구를 사용하는 기회를 별로 갖지 못한다. 그래서 일반적으로 새로운 기술은 광고나 설교 요약, 찬양 가사와 같은 정보를 전달하는 수단으로만 사용된다. 새로운 기술은 "예전적 매체 예술"[6]을 개발하는 하나의 수단으로 고려되어야 한다. 이러한 미학적인 가능성을 포착하기 위해 예전 예술이 굳이 설교조일 필요는 없다.

글자도 없이 단순하지만 우아한 깃발처럼 비디오나 슬라이드 투사는 올바른 예배 환경에 도움을 줄 수 있다. 또한 프레젠테이션은 특별한 날이나 교회 절기, 혹은 특별 예배를 드릴 때 특정 예배 주제에 기여할 수 있다. 투사는 조화로운 예전을 위해 예배당을 장식하는 데 도움을 줄 수 있다.

인터넷은 프레젠테이션 예술 개발에 도움이 될 뿐만 아니라 방해도 되었다. 인터넷을 통해 미학적으로 형편없는 영상들을 너무 쉽게 다운로드하여 신속하게 프레젠테이션에 추가할 수 있기 때문에, 어떤 교회의 예배는 마치 만화책이나 클립아트의 콜라주 같다. 오늘날 우리는 설교나 찬양을 할 때 문자 프레젠테이션에 대한 흥미를 유발시키기 위해 마지막 순간에 인터넷에서 영상을 낚아채려는 유혹을 거부해야 한다.

프레젠테이션이 엘리트 예술일 필요는 없다. 단순하지만 적절한 아름다움만으로도 충분하다. 프레젠테이션의 예술성은 교훈적인 가치만큼 중요하다. 프레젠테이션 예술을 메시지로만 보는 도구주의자의 견해는 하나님을 영화롭게 하는 심미적 수단을 우리에게서 빼앗아갈 수 있다. 하나님은 최고의 것을 받으시기에 합당한 분이다. 최고의 프레젠테이션 예술을 포함하여 말이다.

예배 순서상의 위치

프레젠테이션 기술의 조화로운 사용을 위해 예배 순서, 즉 예전 행위들의 순서에서 프레젠테이션이 들어갈 자리를 고려해야 한다. 예배는 보통 특정 방식으로 시작하고 끝이 나며, 회중 기도와 성례전은 다른 예전 행위들 사이에 이루어진다. 성경은 예배가 질서 있게 이루어질 것을 요구한다(고전 14:40). 그래서 우리는 예배의 요소들을 예전에 맞추어, 그리고 특정 회중에게 어떤 것이 가장 잘 맞는지에 기초해서 배열한다.

성찬 중에는 어떤 프레젠테이션이 적당한가? 성찬식의 요소들은 시각적으로 초점을 맞추어야 하는가? 만일 그렇다면 그러한 영상들을 스크린에 투사해야 하는가, 아니면 회중에게 떡과 포도주를 직접 보라고 권해야 하는가? 성례전이 진행될 동안 스크린에 영상을 투사할 경우, 그것이 예전과 어떻게 통합되느냐에 따라서 예배자들은 예전에 참여하는 데 방해를 받을 수도 있고 반면에 깊은 묵상의 시간을 갖게 될 수도 있다.

회중 광고 역시 비슷한 딜레마를 갖고 있다. 어떤 교회들은 예배가 시작되기 바로 직전에 광고를 투사하는 반면 어떤 교회들은 예배 끝부분이나 봉헌 시간에 투사한다. 나는 예배 준비를 위해 마음과 정신을 가다듬는 데 도움이 되도록 예배 전에 스크린에 예전적인 예술을 투사하는 것을 선호한다. 하지만 다양한 예전적 전통을 가진 사람들과의 대화를 통해 내가 선호하는 것이 다른 많은 사람들의 욕구와 일치하는 것이 아님을 알게 되었다.

설교 중에 '시각 보조 자료들'을 매우 잘 사용하는 목사들이 있는데 나는 그들에게 깊은 인상을 받았다. 사람들은 시각적인 것을 더 잘 기억하는 경향이 있다. 어떤 목사들은 성경 본문의 문화적·사회적 배경을 설명하기 위해 투사된 영상을 사용하는 데 이미 능숙하다. 목사들은 성경 시대 때 배교한

프레젠테이션 기술의 일반적인 용도
1. 예배 전의 분위기를 조성한다.
2. 예배 전에 기도 제목이나 행사들과 같은 정보를 제공한다.
3. 회중의 기대감을 조성한다.
4. 회중의 정체성/이미지(예를 들어 로고나 주제)를 창출한다.
5. 찬양과 찬양 인도, 연주를 돕는다.
6. 성례전을 보여 준다.
7. 어린이들의 배움을 돕는다.
8. 다른 장소에서 예배를 모니터링한다(예를 들어 로비에서).
9. 비디오 클립, 뮤직 비디오, 홍보 비디오를 보여 준다.
10. 성경 장, 절이나 본문을 보여 준다.
11. 설교의 개념/ 본문 배경을 시각적으로 보여 준다.
12. 설교 요약을 제공한다.
13. 시각적인 상징들로 설교의 주제를 강화한다.

그룹들이 예배했던 우상, 사해 해변, 사도 바울이 하나님의 보호하심에 대한 비유로 들었던 로마의 갑옷 등을 보여 준다. 설교가 교훈적인 슬라이드 쇼나 비디오 관람으로 전락해서는 안 되지만 몇 개의 잘 선정된 영상들은 설교에 활력과 적실성을 더할 수 있다.

어떤 교회는 교인들이 설교 요점에 더 즉각 공감할 수 있도록, 인기 있는 상업 광고 및 영화를 일부 보여 주기도 한다. 이런 접근법은 신앙과 현대 대중 문화가 어떻게 연관되는지 알고자 하는 사람들에게 호소력이 있다. 여기서 다시 한 번 문제가 되는 것은 프로젝터를 그렇게 사용하는 것이 예배의 목적에 적합한가, 그렇지 않은가의 여부다. 비디오 클립은 유행을 좇는 교회 기풍을 창출하도록 발명되었는가? 사람들을 교회로 끌어들이기 위해 그러한 비디오 클립을 사용하는가? 그것은 회중, 특히 젊은 교인들에게 신나고 재미있는 것인가? 그것에 가치를 부여하는 목적은 무엇인가? 최근에 나는 자신의 딸이 설교 시간에 대중 영화를 보여 준 교회에 그만 나가도록 한 어떤 엄마와 대화를 나눈 적이 있다. 이 진지한 부모는 문화와 깊은 관련성을 지닌 이러한 설교가 자기 딸을 훈련된 신앙 생활이 아니라 대중 문화로 인도하고 있다고 염려했다. 나는 그 말을 이해할 수 있었지만 동시에 과연 그녀가 현실적인지 의아했다. 그 자녀는 예배 중에 영화 비디오 클립을 투사하든지 않든지 영화를 볼 것이다.

비디오 클립은 그 교회 목사의 설교 스타일이나 내용과 적절히 조화를 이룰 때 용인될 수 있다. 또 성도들에게 예배당 바깥 세계에 대한 예언자적 관점을 제공하는 데 도움을 줄 수 있다.

예전 전통, 예전 운동의 중요성

최근에 나는 어떤 세미나에서 기술을 사용하여 예배드리는 문제에 대해 강의한 적이 있다. 나는 예전 전통들 간의 차이점에 대한 토론을 이끌어내고자 "파이프 오르간 없이 좋은 예배를 드릴 수 있을까요?"라고 질문했다. 앞줄에 앉은 한 나이 지긋한 여성이 "상상할 수도 없지요"라고 즉각 소리쳤다. 그 여성은 "도대체 이 사람 누구야?"라고 말하는 것처럼 거부감을 담아 손을 내젓기까지 했다. 이어서 나는 전체 회중에게 오르간이 발명되기 이전의 예배에 대해서 어떻게 생각하는지 물었다. 오르간 발명 이전의 예배는 무가치한 것이고 하나님이 덜 기뻐하셨을까? 파이프 오르간이 교회에서 여전히 가장 중요한 기술상의 지출을 차지하고 있기 때문에 나는 이와 연관해 청지기직에 대해서도 질문했다.[7]

어느 누구도 그 질문에 대해 즉각 답하지 못했다. 나는 좀더 파고들어가 "여러분은 악기를 사용하지 않는 기독교 전통들에 대해서는 어떻게 생각하십니까?"라고 물었다. 몇몇 참가자들은 나를 화성에서 온 사람인 양 쳐다보았다. 그들은 '악기를 사용하지 않는'(non-instrumental)이라는 말이 무슨 뜻인지 알기 원했다. 어떤 악기도 사용하지 않는단 말인가? 그러한 전통은 그들에게 매우 낯선 것이었다. 그곳에 있던 어느 누구도 오늘날에도 악기를 전혀 사용하지 않는 전통에서 예전적 **장점들**을 발견할 수 있다는 생각을 받아들이려고 하지 않았다.

예전 전통들을 이해하는 것은 아마도 예배에서 프레젠테이션 기술의 적절한 사용을 분별하는 가장 중요한 수단일 것이다. 출장을 가면 다른 전통의 교회에서 예배 드릴 기회가 있는데 나는 그런 기회를 즐긴다. 그 경험은 다양한 기독교 공동체가 예배 드리는 방식을 이해하고 분석해 볼 수 있게 해준다. 어떤 기독교 전통도 자기 예전이 완벽하다고 주장할 수 없다. 어떤 예배 역사가가 말한 것처럼 "우리가 '사도적 전통', 즉 최초의 선교사들과 사도들이 전한 예수님의 가르침을 논할 때도 단 한 가지의 통일된 신조를 이야기하는 것이 아니라 신조와 실천들의 모음을 이야기하는 것이다. 그것은 일관성 있고 인식할 수 있는 모음이지 획일적인 것이 아니다."[8]

예전 전통들과 더 최근의 예전 운동들은 그 자체의 독특한 온전함을 존중하면서도 서로에게서 배울 수 있을 것이다. 추구자 중심의 교회는 역사 속의 예전 행위들을 다시 숙지함으로써 유익을 얻을 수 있다. 전통 중심의 교회는 프레젠테이션 기술의 사용 방법을 비롯해 추구자 예배로부터 많은 것을 배울 수 있다.

최근 몇 년 동안 예전의 갱신은 특정한 예배 전통에 덜 매이는 '운동'의 형태를 취했다. 「예배 대각성」(*The Great Worship Awakening*)의 저자 롭 레드만(Robb Redman)은 오늘날 중요한 네 가지 예배 운동을 들고 있다. 첫째는 추구자 예배 운동, 둘째는 찬양과 경배 운동, 셋째는 현대 예배 음악 산업, 마지막으로 예전 갱신 운동이다.[9] 이러한 범주들은 몇몇 교회들이 예전 갱신의 스펙트럼에서 자신의 위치를 스스로 확인할 수 있도록 도와준다.

우리는 각각의 예전 전통과 운동들이 어떻게 프레젠테이션 기술과 조화되는지를 고려해야 한다. 우리가 예배하는 방식의 예전적인 장점은 무엇인가? 우리는 그러한 판단을 내릴 수 있을 정도로 우리 교회와 교단의 정체성을 분명히 알고 있는가?

자신의 전통 이해하기

프레젠테이션 기술 사용을 고려하고자 하는 교회는 반드시 자신의 예전 행위들을 이해해야 한다. 그러한 예전에 대한 기본적 이해를 소홀히 한다면 편의대로 혹은 도구적 필요에 따라 예전을 구성하는 특징 없는 교회가 될 것을 감수해야 한다.

자신의 예전 전통을 인식하고 있는 교회는 전통을 존중하면서 동시에 예배를 더 적합하게 드릴 수 있는 방식으로 프레젠테이션 기술을 잘 적용할 수 있을 것이다. 분별 없는 영화 감상에서부터 광적인 텔레비전 시청에 이르기까지, 우리는 교회 밖 문화에서 획득한 뿌리 깊은 박힌 매체 습관을 단순히 따라가려고 해서는 안 된다. 그보다 우리 프레젠테이션이 좋은 예전 질서의 목적에 합치하고 우리 회중의 지역 문화 환경에 연결되도록 할 필요가 있다.

내가 속한 전통은 찬송, 특별히 시편을 노래로 조화롭게 부르는 것에 역사적으로 기여했다. 칼뱅은 시편을 부르는 것은 하나님의 말씀을 교인들의 입에 두는 것이라고 생각했다. 만일 이것이 좋고 적합한 예전 행위라면 우리 교회는 교회 자신을 위해서, 그리고 그러한 관행을 받아들이기 원할지 모르는 다른 교회와 전통을 위해 그것을 계속 유지해야 한다. 물론 시편을 더 새롭고 유려한 곡조에 맞출 수는 있겠지만 이전 곡조의 일부도 보존해야 한다. 이런 실천이 지난 수백 년 간 신자들을 세우는 데 끼친 영향에 대해서는 논쟁할 여지가 없다.[10]

또 중요한 한 가지는 무엇이 적절한 전례인지에 대해 지역마다 차이가 있다는 사실이다. 최근에 나는 1999년에 일어난 비극적인 총격 사건의 현장이었던 콜롬바인 고등학교 근처 교회에서 시각 프레젠테이션을 준비하는 한 여성으로부터 편지를 받았다. 그 편지에는 "저희 교회에는 콜롬바인에 다닌 학생과 교사가 있어서 저는 매발톱꽃(columbine)이 들어간 영상을 사용할 때마다 그것이 노래와는 무관하게 회중 누군가에게 영향을 미칠지 모른다는 것을 알고 있어요"라고 적혀 있었다. 그 여성은 다른 지역 예배자들에겐 전혀 문제가 되지 않는 영상이지만 자신의 회중이 떠올리게 될 특별한 시각적 연상에 민감했다. 이는 올바른 반응이다.

예전 전통들은 항상 어떤 지역 상황에 연결되어 있어서 우리 예배의 중심이 되고, 예배에 특정한 형태와 내용, 양식을 부여한다. 그러한 예전적인 초점은 시청각적인 조작과 경솔함, 공허한 수사학을 조장하는 정보화 시대에 특히 중요하다. 자기 자신의 전통을 인식하지 못하고 있는 너무나 많은 교회들이 은연중에 사회의 시청각적 혼란을 수용한다. 그 결과 예배는 신자들이 현실로 이동하는 것을 돕는 것이 아니라 그들의 삶을 더욱 분열시킨다. 예배가 리모컨을 눌러 대는 것이나 인터넷 검색 같아지면, 신자들에게 필요한 영적인 자기 훈련과 성경적인 일관성

> **자신의 예전 전통 이해하기**
> 1. 침묵은 예배에서 언제 중요한가?
> 2. 하나님 및 다른 예배자들과 어떻게 대화를 나누는가?
> 3. **타협할 수 없는** 예전 관행들은 무엇이며 왜 그런가?
> 4. 성례전의 의미를 어떻게 정의하는가?
> 5. 음악과 찬양은 언제, 왜, 어떻게 예배에서 사용되는가?
> 6. 어떤 유형의 영상과 장식이 예배 양식에 가장 적당한가?
> 7. 예배 공간은 신학적, 성경적 확신을 어떻게 표현하는가?

과 동떨어지게 된다.

잘 보고 듣기

마지막으로 조화로운 프레젠테이션 기술은 산만하지 않게, 난해하지 않게 회중이 보고 들을 수 있게 해야 한다. 이것은 당연한 말 같지만 실상 그렇게 쉽지 않다. 기술적인 진보로 한걸음 다가가는 것이 예배 공간에서 실제적인 커뮤니케이션을 약화시킬 수 있다. 예를 들어 노래 가사를 스크린에 투사할 경우 어린이들은 의자에 올라서지 않으면 가사를 읽기 어렵다. 또 회중에게 찬송가 책을 주거나 악보를 비춰 주지 않는다면 고전적인 찬송은 퇴보할 수 있다(메노 파와 형제단을 포함한 몇몇 전통들은 이러한 고전적 찬송을 특히 잘 부른다). 또한 어린아이들이 따라 부를 수 있도록 부모가 사용할 수 있는 인쇄된 악보가 없다면 어린아이들은 노래 가사뿐 아니라 곡도 잘 배울 수 없을 것이다. 예배에서 잘 보고 듣는 것은 단지 스크린을 보거나 마이크를 사용하는 사람의 말을 듣는 것만 의미하는 것이 아니다.

결론

어떤 재능 있는 교회 음악 인도자는 자기 교회가 역사적 복음주의 신앙 전통 안에서 광범위한 스타일과 기술, 그리고 실천을 통합시킨 예배를 드리고 있다고 말했다. 그 예배는 예배실 측면에 자리한 성가대가 시편 중의 하나를 교창하면서 시작되었다. 그 다음 회중은 스크린에 투사된 자막의 도움을 받아 유명한 회중 찬양을 함께 불렀다. 곧이어 온 회중이 함께 스크린에 투사된 니케아 신조를 암송한다. 삼위일체의 신비에 대한 목사의 설교는 이전의 음악적 요소들과 니케아 신조를 다루었다. 이어지는 봉헌 시간은 그렇게 공유한 헌신을 공적으로 표현하는 데 적합한 방식으로 진행되었다. 삼위일체 하나님의 이름으로 선포된 축도는 회중이 누구인지, 누구의 소유인지, 더 넓은 세상 속으로 다시 들어갈 때 어떻게 살아야 하는지를 상기시켜 주었다.

조화로운 예배에는 실제적, 예술적, 심미적, 신학적, 예전적, 건축적, 절기적인 차원을 포함해 오늘날에도 중요한 차원들이 많이 들어 있다. 만일 우리가 은혜로운 대화 속에서 하나님 및 이웃과 친밀해지기를 갈망한다면, 프레젠테이션 기술이 이러한 친밀감에 어떻게 기여하는지 고려해야 한다.

high-tech worship 6
기술의 청지기

> 그것을 코카인이라고 생각해 보라. 처음에 손 대기는 아주 쉽지만 나중에 끊기는 정말 어렵다. 파워포인트를 한번 사용해 본 사람들은 그것을 계속 사용하지 않을 수 없다.[1] _줄리아 켈러

나는 교회 생활에서 기술이 차지하는 역할에 대해 연구하고 있던 어느 신학생들로부터 강의 요청을 받은 적이 있다. 그런데 공교롭게도 그 시간이 신입생 강의 시간과 겹치고 말았다. 그래서 나는 그 신학생들에게 화상 대화를 통해 내 강의에 참여하라고 권했다.

양쪽 학생들이 디지털 화면을 통해 만났을 때 신학생들은 예배에서의 기술 사용에 대해 신입생들이 어떻게 생각하는지를 알고 싶어했다. 짧은 토론을 한 후 신입생 한 명이 자기 교회는 첨단 프레젠테이션 장비의 구입과 설치 이후 오히려 심각하게 분열되었다고 말했다. 그 학생은 새로운 기술이 예배에 활기를 불어넣어 주고 특별히 젊은이들에게 유익할 것이라고 성도들이 크게 기대했던 일을 회상했다. 그러나 실제로 일이 진행되면서 새로운 장비들을 설치하는 데 소요된 경비는 예산

을 훨씬 초과했고 교회는 재정적으로 압박을 받았다. 결국 교회 지도자들은 예상치 못한 초과 비용을 해결할 수 있는 유일한 길은 두 명의 전임 사역자 중 한 명을 해고하는 것이라고 결정했다. 교인들은 기술이 한 사람의 목회자보다 더 중요하다고 선언한 것이다.

우리는 모두 충격에 빠졌다. 단 하나의 예화가 모든 것을 설명해 주는, 교육적으로 매우 드문 순간이었다. 우리는 기술적 결정이 교회에 엄청난 영향을 미칠 수 있다는 사실을 무시할 수 없었다. 그 교회가 궁극적으로 그 사건을 어떻게 이해하게 되었는지를 묻자 그 학생은 대부분의 교인들이 어쩔 수 없는 일로 받아들였다고 말했다. 나는 새로운 프레젠테이션 장비들이 어떻게 쓰이고 있는지 묻지 않을 수 없었다. 그녀의 대답은 우리 모두를 다시 한 번 혼란에 빠뜨렸다. 그 교회는 찬양할 때 가사를 보여 주고 가끔씩 설교의 요점을 보여 줄 때만 장비를 사용한다는 것이었다. 그 정도라면 분명히 훨씬 적은 비용으로 장비를 구축할 수 있었을 것이다.

이 이야기를 꺼낸 이유는 예배에서 기술적인 면을 추구하는 것에 내포된 청지기 정신을 강조하기 위해서다. 로테크 교회로 그냥 남고자 하지 않는다면, 하이테크 예배를 추구하는 데 드는 대가는 교회에 축복이 됨과 동시에 지속적인 부담이 될 수 있다. 재정적인 것만을 의미하는 것이 아니다. 문제는 많은 교회들이 기술적 복잡함 속으로 뛰어들기 전에 엄청난 재정적·시간적 비용, 그리고 기회 비용을 충분히 고려하지 않는다는 것이다. '모든 사람에게 적합한 프리 사이즈' 방식으로 예배 기술에 접근하는 것은 커다란 실수다. 다시 한 번 말하지만 '네, 하지만'이라는 중도적 접근이 독단적인 '네' 혹은 '아니오'보다 나은 법이다.

기술적 중용

수도원 전통에서 교회는 잉여 가치를 내는 공동체이기도 했다. 중세 수도원들은 옷과 음식에서부터 시작해 쉼터를 제공하고, 성서 사본을 만들고 무엇보다 많은 사랑을 베풀었다. 그들은 사람들이 필요로 하는 많은 것들을 넉넉히 만들어 냄으로써 공동체를 육성했다. 모든 교회는 이러한 전략에서 많은 것을 배울 수 있다. 즉, 특정한 예전적 행위에 "네"라고 대답할 자유를 갖기 위해서 또 다른 행위들에 대해서는 "아니오"라고 거부할 용기가 필요한 것이다. 교회가 비(非) 기술적 활동도 유지할 수 있도록 기술 관련 비용을 절도 있게 쓰는 것은 특별히 중요하다.

기술적 노력을 할 때 개인적·공동체적인 자기 절제가 사역의 다른 측면들을 유지하기 위해 필요하다. 교회가 기술을 개발할 때 예산에 큰 부담이 되지 않는다 싶으면 불필요하게 낭비하는 경향이 있다. 이런 일은 언제나 생겨난다.

교회는 피아노나 파이프 오르간, 교회 보수같이 비싼 물건이나 사업에는 기꺼이 장기적으로 투자하고자 한다. 하지만 많은 교회들이 디지털 기술이 단기적 투자와 장기적 투자 모두를 요구한다는 사실을 깨닫지 못한다.

우리가 실시한 조사에 따르면 예배에 매체 기술을 사용하는 대다수(90퍼센트 이상)는 독학으로 기술을 익혔다. 아마 이들은 훌륭한 재능을 타고난 자원 봉사자들이거나 부가적으로 책임을 떠맡은 사역자들일 것이다. 교회들이 훈련에 투자하지 않는 것은 분명했다. 이것은 절도

> **전형적인 프레젠테이션 기술 비용**
> 1. 장비(스크린, 프로젝터, 비디오 플레이어, 배선, 하드웨어, 설치)
> 2. 훈련(예술적 설계, 예전 지식, 기술적 지식)
> 3. 소프트웨어(파일 저장 및 구성, 프레젠테이션)
> 4. 법률(악보, 가사, 영상에 대한 저작권)
> 5. 유지(하드웨어 및 소프트웨어 업그레이드, 수리)
> 6. 대체(3년마다 새로운 하드웨어와 소프트웨어 구입)
> 7. 스태프(사례, 계약 지원, 자문)

있는 태도라 할 수 없다. 도리어 예배에서 기술을 탁월하게 사용하려는 재정적 헌신이 결여된 것이다.

기술 관련 비용을 다루는 가장 안전한 길은 완벽함이 아닌 우수함을 추구하는 가운데 합리적인 중용을 실천하는 것이다. 많은 자문가들은 실망스런 성과를 내거나 가까운 시일 내에 장비를 교체할 필요가 없도록, 교회가 감당할 수 있는 최고 한도의 예산을 프레젠테이션 기술에 투자해야 한다고 조언할 것이다. 그러나 대부분의 예배 장소에서 고가의 장비는 불필요하다. 교회는 기술 자체보다는, 기술의 운용 방법과 예배 안에서의 적절한 사용을 위해 인력을 훈련하는 일에 더 많은 예산을 투자하는 것이 낫다.

선교적 자극

흔히 교회 성장 운동은 복음 전파에 대한 강한 헌신을 지속시켜 준다. 사실 기독교계가 영상 매체 분야에 진출하면서 진정으로, 때론 지나칠 정도로 전도를 강조하는 경우가 많다. 프레젠테이션 기술은 문화적으로 적절한 예배를 통해 전도하고자 하는 선교적 자극의 일부가 되어 왔다. "우리에게 도래한 기술적 혁명은 새로운 선교지 그 이상도 이하도 아니다"라고 어느 하이테크 교회 성장 전략 지지자는 말한다. "또한 주님께 추수할 일꾼들을 보내 달라(눅 10:2)고 청하는 것은 교회와 주님을 사랑하는 우리의 의무다."[2]

이러한 선교적 자극은 두 가지 주요한 딜레마에 직면한다. 첫째, 복음 전도 자체는 공예배에서 하이테크 전략의 적절한 근거가 될 수 없다. 예배는 기본적으로 홀로 영광받으시기에 합당하신 하나님을 감사함으로 찬양하기 위해 모인 믿음의 공동체를 위한 것이다(계 22:8-9). 분명 예배에는 선교적 **측면**이 있고, 성도들은 하나님을 예배해야 하는가의 문제를 탐구하고 있는 방문자들을 따뜻하게 환영해야 한다. 그러나 예배 자체는 **기본적으로** 믿음 바깥에 있는 사람들을 위한 것이 아니다. 예배는 하나님 및 다른 성도들과 이미 관계를 맺고 있는 신자들을 위한 것이다.[3]

따라서 예배에서 프레젠테이션 기술을 사용하는 것을 단순히 전도의 일환으로 보는 것은 문제가 있다. 그러한 접근은 하나님께 영광을 돌린다는 진정한 예배의 본질을 바꿀 수 있다. 예배의 청지기로서 교회 지도자들은 예전이 감사하는 마음과 새롭게 된 정신, 그리고 일할 때나 놀 때나 한 주 내내 계속되는 찬양을 적절히 촉진하는 것을 책임질 의무가 있다.

어떤 추구자 중심의 교회는 방문객들의 호감을 사기 위해 기술을 사용한다. 그러나 보통 이들의 목표는 새로운 교인을 얻는 것으로, 새 교인들은 소그룹에서 제자 훈련을 받고 다른 날에는 '진짜' 예배에 참여하게 될 것이다. 종교개혁가 마르틴 루터조차 공예배 외에도 복음 전도를 위한 예배가 따로 있어야 한다고 말했을 만큼 추구자 중심적이었다.

문제가 되는 것은 바로 전도 중심적인 예배가 성도들이 하나님을 경외하는 찬양을 드리는 데 방해가 될 수 있다는 것이다. 전도 중심의 예배를 강조하면, 예배보다는 사람들의 마음을 끌고 회심시키기 위해 고안된 예전적 기술을 지향하게 되고, 예배를 예배 아닌 다른 무언가로 여기게 될 수 있다. 어떤 경우에는 예배가 선전이나 오락을 닮기도 한다. 예배는 감사한 마음으로 찬양하며 우리를 하나님께 더욱 가까이 이끄는 것이 그 목적이다. 따라서 콘서트홀이나 극장, 자기 계발 모임 등에서 하는 행사와는 근본적으로 구별될 필요가 있다.

둘째, 예배에서 프레젠테이션 기술을 사용하는 것이 청지기 의식을 갖고 복음 전도에 접근하는 태도가 아닐 수 있다는 것이다. 의심할 바 없이 하이테크 예배는 몇몇 새신자들이나 소극적인 교인들을 끌어당겨, 문화적으로 적절하고 영감 있는 예배를 촉진하는 교회에서 더 활발히 활동하도록 해줄 것이다. 그러나 문화적으로 적절하고 영감 있는 예배는 하이테크 교회에서뿐만 아니라 로테크 교회에서도 찾아볼 수 있다. 어떤 교회들은 젊은 세대들에게 다가갈 수 있는 **가장 확실한** 수단은 기술이라고 생각하는 반면, 청년들 가운데는 기술이 거의 필요 없는 전통적 예전이나 그리스 정교로 회귀하는 이들도 있다.[4]

달리 말하자면, 기술은 예배에서 문화적 적실성이나 영적 생동감을 보장해 주지 않는다. 내가 아는 한, 프레젠테이션 기술이 그 자체로 불신자들을 끌어당기는 데 효과적이며 그들이 기독교 공동체에 신실하게 참여하도록 이끌어 줄 수 있다는 증거는 전혀 없다. 대규모 매체를 사용한 복음 전도 운동이 교회나 선교 단체에서 전도의 열풍을 일으킨다는 증거가 약간 있긴 하다. 그렇지만 실제로 제자로서 교회에서 적극적으로 활동하는 사람은 소수다.[5]

제자도의 대가

하이테크 예배를 과도하게 강조하면, 신실한 삶을 사는 데 따르는 실제 비용에 대해 그릇된 인상을 심어 줄 수 있다. 신실함은 소비, 즉 제조된 영상이나 소리를 개인의 이익을 위해 쉽게 사용하는 그런 문제가 아니다. 예전적 행위들은 개인에게 지니는 가치로 볼 때 모두 **값비싼** 일들이지 결코 '값싼 은혜'[6]가 아니다. 현대 사회의 기술 체계는 개인의 여흥, 쉬운 이해, 개인적 선택의 자유와 같은 세속적 개념을 지향한다.

예배는 완고하고 답답한 것이 아니라 영혼을 환기시키고 영감을 불러일으키는 것이어야 한다. 또 예배는 개인적이면서 공동체적인 노력이며 심지어 희생까지 요구한다. 진정 하나님을 향한 예배는 우리 자신의 계획, 목적, 경향의 포기까지도 수반한다. 우리 상처받은 심령들은 예배를 드리며 치유받기 위해 하나님께 나아가지만 치유는 우리 방식대로 이루어지는 것이 아니다. 하나님은 우리의 방식이 아닌 하나님 자신의 방식으로 일하신다. 무엇보다 예배는 우리의 마음을 이기적인 염려가 아닌 감사와 찬양으로 돌아가게 해줌으로써 창조주와 우리의 관계를 회복시켜 준다. 그리고 그 결과로 이루는 온전함은 섬김의 삶으로 우리를 이끈다. 전적으로 '무언가를 얻기 위해' 예배로 나아가려는 의도는 예전의 목적에 반하는 것이다. 참된 예배에 따르는 대가는 또한 우리에게 유익이기도 하다. 즉 잃어버린, 그리고 이기적인 우리 자아가 아닌, 구원하시며 자신을 희생하시는 하나님에 대한 믿음이 생긴다.

기술이 즉각적인 변화와 손쉬운 유익을 약속하는 것처럼 보이는 반면, 예배에서 표현되는 성경적 약속은 예배자들이 자기 희생적인 삶을 살고 있는지 여부와 관련된다. 하나님 나라에서 예배의 질은 다른 무엇보다도 성전 밖 신자들의 삶의 질에 달려 있다. 기술은 주일 아침이나 다른 때에 하나님을 통제할 수 있는 기법으로 '효과를 발휘'하지는 않을 것이다. 달리 말하면, 예배에서, 우리가 어떠한 **종류**의 사람인가가 예배가 우리**에게** 혹은 우리를 **위해** 무엇을 해줄 것인지를, 아니 더 엄밀히 말하자면 **하나님**이 대화 속에서 우리에게 어떻게 응답하실지를 결정한다.

구약의 선지자들은 하나님을 예배한다고 주장하면서도 바르게 살지 않는 사람들을 자주 질타했다. 타락한 세상 속에서 어떤 것들은 결코 변하지 않는다. 오늘날 우리의 예배는 너무나 자주 일종의 '하나님께로의 도피'로 전락한다. 기술적으로 고양된 감정과 정서는 하나님과 이웃에 대한 사랑 없이 이기적으로 살아가는 중에도 우리가 편안한 마음을 가지게 해준다. 우리는 하나님께 가까워지기를, 그리고 성령의 임재를 느끼기를 원한다. 하지만 우리가 받은 모든 것을 주신 분께 영광을 돌려드리거나 자기 희생을 감수하려고 하지는 않는다. 우리는 자신의 십자가를 짊어지지 않은 채 너무나 쉽게 예수 그리스도의 십자가를 받아들인다.

이것이 바로 오늘날 많은 교회들이 기도나 음악, 성경 봉독을 비롯한 여타의 예전 행위에 개인과 회중의 죄 고백을 포함시키지 않는 이유일지 모른다. 예배는 순종하는 섬김을 위해 하나님 및 이웃과 지속적으로 대화하는 것이기보다 점점 더 힘난한 세상 현실을 피해 개인의 행복 속으로 들어가는 도피의 경향을 띠고 있다.7)

참된 예배는 힘든 일과 희생을 요구한다. 그것은 우리 자신의 기호나 프로그램, 손쉬운 해결책을 포기하라고 요구한다. 참된 예배는 효율성이나 통제의 관점이 아닌 신실함, 순종, 신뢰, 특별히 사랑의 언어 속에서 생각할 것을 요구한다. 우리는 성전 너머의 평화와 정의를 위해 사람들이 자기 재능과 은사를 하나님 나라에 투자하도록 얼마나 잘 돕는지에 기초해 예배를 평가할 수 있다. 예배의 청지기가 된다는 것은 과부와 고아, 모든 불의의 희생자들에 대한 우리의 공동체적 책임을 포함한다. 하나님은 재미가 아닌 샬롬을 위해 구원하신다. 우리는 "인류의 번영, 하나님의 축복을 향한 길을 함께 여행하기로 약속한" 언약의 사람들로서, 즉 "지혜, 정의, 사랑, 긍휼을 드러내는 사람들"[8]로서 그 속에서 풍요로운 삶을 발견한다.

고요함의 청지기

너희는 가만히 있어 내가 하나님 됨을 알지어다.
내가 뭇 나라 중에서 높임을 받으리라.
내가 세계 중에서 높임을 받으리라(시 46:10).

예배에서 어떻게 고요함을 조성할 수 있을까? 예배 순서 중에 침묵을 위한 시간을 따로 정해 놓아야 할까? 일어서서 할 것인가 아니면 앉거나 무릎 꿇고 할 것인가? 기술적 삶을 구성하는 메시지들의 소음 속에서 어떻게 하면 하나님과 친밀해질 수 있을까?

시편 기자는 고요함과 하나님을 아는 것 사이의 관계를 이해한다.

하나님과의 친밀함은 인간의 분주함으로 되는 문제가 아니다. 그것은 또 다른 종류의 노력, 즉 높임(exaltation)의 문제다.

기술 사회 속에 사는 우리의 문제는 단순히 너무나 많은 메시지들이 범람하거나 그것들에 우리가 압도된다는 것만이 아니다. 우리의 삶은 기술의 포화 상태, 하나의 여흥에서 다른 여흥으로의 경주, 미디어가 전하는 소란스러움으로의 끊임없는 탐닉이 되어 가고 있다. 우리는 라디오 시계에 맞춰 일어나며, 음악이나 뉴스를 듣고 광고판을 읽으며 운전하면서 일터로 가고, 무소부재를 자랑하는 이메일이나 인터넷이 둘러싼 환경에서 일하며, 음성 녹음기의 메시지를 확인하고, 어딜 가나 휴대폰을 가지고 다니며, 수백 개의 텔레비전 채널을 눌러 댄다. 헨리 나우웬(Henry Nouwen)은 LA에서 차를 몰고 가는 동안 "운전하면서 거대한 사전을 통과해 가는 이상한 기분이 들었다"[9]고 회상한다. 우리는 시끄럽고 단편적인 기술의 요구들에 맞춰 살고 있는가?

디지털 기술이 생겨나기 오래 전에 죄렌 키에르케고르는 이미 기술 지향적 삶의 근본적인 문제에 대해 언급했다. "분주함, 다른 이들과의 경쟁, 이리저리 밀치락달치락하기, 이런 것들로 인해 마음을 가꾼다는 것, 책임감 있고 살아 있는 자신이 된다는 것이 거의 불가능해진다."[10] 메시지를 보내고 받는 체제 속에서 우리는 그저 톱니바퀴의 부품이 될 뿐이다. 우리의 급박한 발걸음은 하나님의 샬롬을 맡은 이로서의 소명을 인식하고 그에 맞춰 행동하지 못하게 한다. 나우웬에 따르면 "말씀은 더 이상 소통하지도, 대화를 이끌어내지도 않으며, 공동체를 만들지도 않고, 따라서 더 이상 생기를 불어넣지 못한다."[11] 분명 그는 문제를 과장하여 표현했다. 은혜는 아직 넘친다. 그럼에도 불구하고 우리가 이 세상이 마치 우리의 것인 양, 우리 자신의 계획을 위해 여기 존재하는 양 행동하는 것 역시 사실이다.

그렇다면, 우리가 약삭빠른 광고나 엉터리 설교자처럼 더 많은 통제권을 약속하는 사람들이나 기관들에 쉽게 넘어간다는 것은 그리 놀랄 만한 일이 아니다. 우리의 급박한 일상은 우리가 통제력을 잃어 가고 있다는 인상을 주며, 기술은 그것을 되찾을 수 있는 확실한 길을 제시하는 것처럼 보인다. 마찬가지로 예배에서도 기술은 미래를 제어할 수 있는 능력을 되찾을 가장 효과적인 방법으로 여겨진다.

분주함이 더해 가고 개인의 통제력에 대한 유혹적인 매력이 넘쳐나는 이러한 사회 속에서 고요함은 저주다. 그것이 무슨 가치가 있단 말인가? 힘이란 마치 말하고, 보내고, 전달하고, 제시하고, 소리 치고, 조작하는 데 있는 것 같다. 리모컨을 주시오! 컴퓨터 네트워크를 주시오! 검색 엔진을 주시오! 파워포인트를 주시오! 예배 역시, 전원을 끄거나 소리 없음 버튼을 누르기 전에는 결코 3초 이상의 침묵을 제공하지 않는 텔레비전처럼 소란스런 상태로 빠져 버린다. 침묵은 잘못됐거나 뭔가 빗나간 신호로 생각하고 즉시 그것을 대신할 여흥을 찾는다. 고요함은 쓸모없어 보인다.

그러나 키에르케고르가 말했듯이, 고요함과 그것에 뒤따르는 침묵은 분주한 움직임의 한가운데서 우리가 현실의 관점을 되찾는 데 중요하다. 고요함은 우리가 우리 자신의 운명에서 패배한 승자임을 드러내 준다. 듣고 그에 따라 순종하는, 하나님이 주신 능력을 유지하기 위해 고요함을 확보해야 한다. 역설적이게도 우리 시대의 위대한 커뮤니케이션 기술들은 우리가 더 잘 듣는 자가 될 수 있게 돕지 못한다.

우리는 개인 예배와 공예배 모두에서 고요함을 되찾아야 한다. 하나님은 이미 말씀하셨다. 사실 그분의 주요한 매체는 언어 그 자체였다. 우리는 화자가 되기 전에 청자가 되라고 부름받는다. 좋은 예배는 하나님을 의지하며 고요함 속에서 그분의 목소리를 듣는 시간을 제공한다. "모든 참된 가르침은 일종의 침묵으로 끝난다"라고 키에르케고르는 말한다. "왜냐하면 내가 그것을 삶으로 살아낼 때, 굳이 말로 들려 줄 필요가 없기 때문이다."[12] 고요함 속에서 듣지 않는 이상 우리는 하나님의 음성의 흔적을 잃을 수 있다. 공예배의 진행은 고요함과 행위 사이의 리듬을 요구한다. 만일 예배의 흐름을 지금보다 더 빠르게 하거나 예전을 더 분주하게 만드는 수단으로 프레젠테이션 기술을 본다면, 우리는 우리 시대의 오락에 항복하고 말 것이다.

어리석음을 벗어나서

예배의 기술화를 경계해야 하는 또 하나의 이유는 우리가 지혜로운 청지기로 부름받았기 때문이다. 지혜의 반대는 정보나 기술의 결여가 아니라 **어리석음**이다. 어리석음의 커다란 대가는 현실감을 잃어버리고 스스로 만든 환상 속으로 빠져드는 것이다. 바보도 기술적인 능력을 갖출 수는 있지만, 무엇보다 중요한 실재인 예수 그리스도의 주권 아래에 있는 삶의 실재에 대해서는 거의 알지 못한다. 그러한 어리석음은 인간의 본성, 교회 성장, 영적 분별 같은 오래된 문제에 대해 쉬운 해결법을 모색하며 우리를 계속 막다른 골목으로 인도한다. 연장을 가진 바보도 바보이기는 마찬가지다.[13]

하이테크 예배의 기획에서 드러나는 가장 어리석은 징후는 기술을 예전에 적용시키는 데 따른 장기적 영향에 대해 겸손함을 잃는 것이다. 어리석은 이들은 새로운 기술에 홀려, 기술적 능력의 증진을 다른 모든 목표보다 우선시한다. 그에게서 가치 있는 **목적**은 사라져 버린다. 어리석은 이들은 프레젠테이션 기술이 예전적 능력의 처음이자 끝을 대변하는 양, 기술로서 왜곡된 매력을 표현한다. 분명 어리석음이 프레젠테이션 기술을 예배에 도입하는 유일한 기초는 아니다. 하지만 기술력이 예배를 영원히 혁신할 수 있다는 과도하게 낙관적인 수사 아래 이런 어리석음이 여전히 도사리고 있다.

어리석음은 사역에 대한 미숙한 결정들에서도 명백히 드러난다. 어리석은 이들은 선교 프로그램보다 기술에 더 많은 비용을 들인다. 그들은 저작권 문제를 등한시하고 멋대로 온라인 자료들을 훔친다. 바보들은 컴퓨터를 포함한 프레젠테이션 기술에 대한 예산을 세우지만 장기적으로 들어가는 경비들, 즉 바이러스 치료라든가, 소프트웨어와 하드웨어의 업그레이드, 특히 기술과 예전에 대한 지속적인 훈련에 드는 비용은 고려하지 못한다. 그들은 프로젝터나 스크린을 예배당 어디에 설치할 것인지, 혹은 예배실이 그러한 장비들을 놓는 데 적합한 장소인지 분별하기도 전에 주문부터 해 버린다. 어리석은 이들은 그러한 장비들이 예배를 실제적으로 어떻게 개선할지, 혹은 '개선된 예배'가 무엇을 뜻하는지에 대해 분명하고 설득력 있는 주장을 제시하지 않은 채 새 기술들을 실행한다. 그들은 기계에 대해서는 굉장히 많이 알고 있지만 예배에 대해서는 황당할 정도로 거의 아는 바가 없는 기술 자문들을 고용한다.

결론

예배에서 프레젠테이션 기술을 사용할 때 우리의 청지기직을 소홀히 하는 어리석음을 피하기 위한 가장 좋은 방법은 지혜를 기르는 것이다. 그러나 막상 그러한 지혜는 찾기 어렵다. 우선, 관련 기술이 상대적으로 새로운 것들이다. 어떻게 그것들을 사용해야 하는지에 대해 확신을 가질 만큼의 경험이 아직 없다. 또 다른 문제는 그러한 지혜를 얻을 수 있는 시장이 아직 많지 않다는 것이다. 교회들은 지혜로운 프레젠테이션 기술 사용법에 대해 이야기하는 것보다 그것들의 필요성이나 유익에 대해서 떠들기를 훨씬 좋아한다. 무엇보다도 교회 바깥의 더 넓은 사회는 기술이 문제를 제대로 규정할 수 없을지라도 그것만이 **유일한 해결책**이라고 믿는다(사실 **해결책**이란 말은 1990년대 기술의 황금기에 널리 퍼진 유행어 중 하나다). 더 어리석은 것은, 비록 과장된 면이 있을지라도 잠재적으로 타당성이 있는 온건한 예배 기술 비평가들에게조차 귀기울이지 않고 그들을 너무 쉽게 무시해 버린다는 것이다. 지혜를 얻는다는 것은, 선하고 올바르며 아름답고 참된—즉 모든 면에서 적합한—예배 행위를 향한 오랜 순종을 요구하는 비효율적인 과정이다.

미숙한 청지기 정신은 장기적으로 볼 때 언제나 대가를 치르게 되어 있다. 미숙한 청지기 정신은 예배를 약화하고, 현재와 미래의 예산으로 부담을 주며, 성도들을 실망과 낙담에 빠뜨리고, 예배 공동체를 분열시키며, 교구 지도자들에게 슬픔을 주고, 예배자들의 듣고 순종하는 능력을 방해하고, 예배 의식에 대한 의사 결정권을 분별 없는 자문가들에게 건네주며, 궁극적으로는 평화의 복음을 실천해야 할 교회의 책임을 소멸시켜 버린다. 그러한 어리석음이 하이테크 예배에서 주객전도의 상황을 불러일으킬 것인지의 여부는, 전적으로 누가 담당자가 되는가에 달려 있다. 대주교 찰스 샤풋(Charles J. Chaput)은 이렇게 썼다. "우리는 분명 구원을 원한다. 또한 우리는 구원이 주께 속하였음을 인정한다. 그러나 우리 대다수에게 도구들은 만약의 경우를 위한 꽤 괜찮은 보험으로 기능한다.…우리는 자신의 재주가 효과를 발휘해 왔기 때문에 그것을 신뢰하게 되었다. 불행히도, 바벨탑의 공사 인부들도 같은 식으로 느꼈다."[14]

high-tech worship 7
권위와 자질

예배 기획자들은 어느 정도 '기술화'되었을까?[1] _수잔 화이트

어느 대형 교회의 시청각 기술진과 대화하던 중 나와 동료는 깜짝 놀랄 만한 사실을 발견하였다. 그 교회에서는 목사들이 설교 주제를 결정하지 않는다는 것이었다. 그 중차대한 결정을 내릴 권한은 예배의 프레젠테이션을 총괄하는 사람들이 갖고 있었다. 목사가 성경 본문과 주제를 선택하는 것이 전적으로 특정한 시각적 자료의 이용 가능 여부에 달려 있었다. 이것은 믿기 어렵게 들릴 것이며, 최첨단의 기술을 가진 교회들에서조차 굉장히 예외적인 경우일 것이라 생각한다. 그러나 이는 더 심각한 문제, 즉 다양한 전문가가 필요한 예배에서 어디에 권위를 둘 것인가를 두고 일어나는 혼란을 보여 준다.

예배 의식에서 권위의 문제는 특정한 기술을 구입하고 실행하는 것을 선택하는 것에만 국한되지 않는다. 이 문제는 또한 새 기술을 **어떻**

게 실행하고, **언제** 사용하며, 특별히 **누가** 그것을 사용하기로 결정할 것이냐와 같은 근본적 문제들과 연관되어 있다. 이러한 것들은 분명 교회의 권위와 관련된 사항이다.

이 장은 예배에 프레젠테이션 기술을 사용하기로 결정할 때 교회가 직면하는 딜레마들을 조명한다. 개인이든 그룹이든, 누군가는 책임자가 되어야 한다. 좀더 큰 집단들은 과학 기술자와 같은 전문가들에게 갈수록 많은 힘을 부여하고 있다. 사실 큰 조직체들 안에서 생겨나는 불만 사항 중 하나는 '컴퓨터 담당자' 또는 '정보 기술부'가 다른 모든 이들의 기술적 행위를 지시한다는 것이다. 우리는 매일 복잡한 기술에 부딪치며 살기 때문에 어쩔 수 없이 이러한 전문가들을 받아들인다.

교회도 이러한 시류를 좇아 기술 전문가들을 맹종해야만 할까? 오늘날 많은 교회들이 기술 전문가를 필요로 한다. 그러나 하나님을 영화롭게 하고 양들을 먹이는 예배를 선도할 책임이 있는 목자이자 영적 지도자는 바로 목사다. 예배에 대한 이해가 부족한 기술 전문가들은 예수 그리스도의 권위 아래에 있는 교회 지도자들에게 순종할 필요가 있다.

새로운 기술 전문가들

나이 오십이 넘은 사람들은 컴퓨터를 고쳐야 할 경우 대개 자녀나 손자들을 찾곤 한다. 종종 젊은이들은 컴퓨터에 관한 한 '어떻게 작동하는지'를 아는 전문가이자 권위자다. 그런 점에서 교회 안에서 많은 젊은이들이 오디오 보드나 디지털 프레젠테이션, 비디오 클립, 테이프 복사기, 비디오 등을 관리하는 것은 그리 놀랄 일이 아니다. 청소년들은 다른 언어를 배울 때처럼 새로운 전자 기기 사용법을 어른들보다 빨리 익힌다.

프레젠테이션 기술을 사용하는 대부분의 교회에서, 기기를 다루는 사람은 상당히 적다. 대부분의 신자들은 이런 종류의 일을 싫어하며, 이런 일을 기술적으로 재능 있는 사람들에게 넘겨 주고자 한다.

그러나 멀티미디어 사역이 이루어지기 위해서는 꽤 다양한 재능이 필요하다. 마이클 바우쉬(Michael Bausch)는 이 사역을 '많은 손과 많은 두뇌의 공헌을 필요로 하는 팀 경기'라고 부른다.

그리고 이 팀에는 예전 기획자들 혹은 적어도 예전에 대해서 꽤 아는 사람들이 있어야 한다. 그러나 오늘날에는 소위 '예배 지식'(worship literacy)이 거의 없다. 목사나 예배

> **멀티미디어 사역팀**
> 1. '진취적인' 몽상가
> 2. '멀티미디어 기기에 대해서 배우고 이야기하기 좋아하는' 기술자들
> 3. '극장과 집에서 숱하게 영화를 보는' 영화광들
> 4. '사진 작가, 예술가, 예술 교육가' 등을 포함하는 음악 애호가들과 예술가들[2]

기획 위원회조차도 예배를 잘 이해하지 못한다. 바우쉬는 "대부분의 예배 팀들은 누군가가 예배에서 시청각적인 것에 대해 최종적인 권위를 가지고 있으며, 이 권위는 일반적으로 예배를 책임지는 목회자에게 있다는 데 동의한다"라고 말한다.[3] 그러나 결정에 대한 최종 권위를 갖는다고 해서 관련 지식이 있는 사람들을 예배의 기획에 참여시킬 수 있는 것은 아니다. 게다가 최종 권위는 하이테크 예배를 진행하는 과정에 대한 그 어떠한 지혜도 보장해 주지 않는다.

내가 말할 수 있는 것은, 예배의 기술화가 예배 기획을 정반대 방향으로 이끌어 가고 있다는 것이다. 우선, 전문가의 도움이 필요하기 때

문에 더 많은 평신도 스태프들이 예전을 기획하고 실행하는 데 참여하고 있다. 전반적으로 이것은 긍정적인 발전이다. 교회들이 교인들의 다양한 은사에 더 많이 의존하게 되고, '교인들이 만들어 가는' 예전에 대해 주인 의식을 심어 주고 있음을 의미하기 때문이다. 우리가 실시한 조사에 응답한 교회들의 3분의 2가, 매체 기술을 사용하기로 결정한 이유로 교인들 중에 기술 전문가가 있었다는 사실을 들었다.

그러나 한편으로는 예배에 대한 회중의 전반적인 이해 부족이 기술에 대한 의사 결정을 더욱 산만하게 하고, 예전에 대한 이해의 부족을 초래하며, 의도는 좋지만 편향된 관심을 가진 사람들을 임명할 가능성을 높인다. 무지와 태만 때문에 어떤 교회는 예배에 대한 많은 권위를 예전 기획에 대해서 거의 알지 못하는 사람들에게 넘겨 주고 있다.

최상의 예배 기획은 교회가 친구들과 가족과 방문객들의 영적인 필요를 충실하게 채워 주려고 노력할 때 생겨난다. 그리고 이 사실은 프레젠테이션 기술 사용에도 당연히 적용된다.

전통 대 기술

전통과 기술의 충돌은 **예전가들**(liturgists, 나는 예전을 기획하는 사람들을 지칭하는 데 이 용어를 사용하고 있다)과 **기술자들** 간의 긴장에서 볼 수 있다. 예전에 대한 기본적인 이해는 이전에 개혁된 예전 행위에서 의미를 차용하고 그것들을 새로운 환경에 적응시키면서 생긴 것이다. 역사적인 연속성이 그러한 이해의 기초 전제인 이유는 역사가 모든 예배의 안내자로서 완벽하게 옳기 때문이 아니라, 어떤 혁신적인 예전 행위라도 그것이 영과 진리 안에서 전체 회중을 교화시켜야 하는 예배의 목적에 기여하는지 여부가 증명되어야 하기 때문이다.

다르게 말하면 우리는 단지 변화 자체를 위해 예배 방식을 바꾸어서는 안 된다. 진보는 가장 최신 유행이나 아직 도달하지 않은 미래에만 있는 것이 아니다. 우리는 과거로부터 지혜를 얻을 필요가 있다. 새로움과 혁신은 교회가 의미 있는 예배를 드리고자 노력할 때 항상 고려해야 하는 요소이지만, 새로움에 대한 관심이 내일의 예전 행위를 위한 주된 지침이 되어서는 안 된다. 새로운 기술은 장비든 기법이든 간에 일시적인 유행에 그치는 경향이 있다.

그러나 과거의 예전은 어제 혹은 지난 10년뿐 아니라 과거 100년까지도 아우른다. 예전의 역사는 교회의 기록과 초대교회의 예배 행위들, 심지어 초대 기독교가 고대 이스라엘에서 초대교회로 이어지는 연속성의 일부로 차용하고 적응시켰던 히브리 공휴일과 종교 의식들도 담고 있다.[4] '전통 대 현대' 예배에 관한 그릇된 가정들이 있다. 전통주의자들은 그저 지난 세기만 보면 된다고 말하며, 현대 예배 옹호자들은 단순히 현재에만 초점을 맞추면 된다고 한다. 그러나 전통은 훨씬 더 깊이 흐르고 있으며, 우리는 그 곳에서 놀랍도록 풍부한 예전의 보화를 발견할 수 있다.[5]

이렇듯 교회사를 통해 발전된 예배에 대한 성경적인 이해를 새로운 상황과 문화 환경에 적용한다면, 이러한 이해는 예배의 미래로 우리를 잘 인도해 줄 최상의 안내자가 될 것이다. 프레젠테이션 기술을 사용하여 예배를 준비하는 사람은 프로젝터나 소프트웨어를 작동하는 방법보다 훨씬 더 많은 것을 알아야 한다. 즉 예전의 역사와 오랜 기간 전해져

내려온 예배의 목적에 무관심해서는 안 된다. 만약 무관심하다면 그 사람은 예전 기획자가 아니라 단지 기술 전문가에 불과할 것이다. 자원봉사 기술자들, 전임 스태프, 교단 지도자들, 목사들조차 그런 무지한 전문가로 전락할 수 있다. 만일 그들이 그저 기술이라는 대의를 전통보다 우선시한다면 그들의 공식적인 역할은 초라해질 것이다.

전통에 초점을 맞추면 기술적인 유행이나 기술에 대한 개인적인 기호로부터 벗어날 수 있다. 예전을 기획하는 데 개인이 중요하지만 예배가 단지 몇몇 사람들의 개인적인 특징을 반영하기 위한 것은 아니다. 개인 지향의 예전에는 전통의 권위가 부족하다.[6] 예배 기획이 예전의 목적과 역사에 무관심한 전문가들의 영역이 된다면 그것은 실패할 것이다. 유진 피터슨(Eugene H. Peterson)은 이렇게 쓰고 있다. "우리는 설명하고 해결하는 전문가의 무리 속에서 살고 있다. 전문가들은 신비를 부인하거나 무시하며, 인간 존재를 관리할 수 있고 통제할 수 있고 고칠 수 있는 것으로 전락시켜 버린다. 영적인 기술자의 역할을 맡은 목사들은 그러한 역할이 다른 것들을 흡수하지 못하도록 해야 하는 부담을 안고 있다."[7] 목사들은 자칫 '미디어 거물'[8]이 될 수도 있다.

기술을 예배에 적용하기 위해서는 장비를 이해하는 기술자뿐만 아니라, 현란한 예전 대신 본질적으로 무엇이 올바르고 조화로운 예배를 만드는지를 이해하는 현명한 예배 인도자들과 예전 기획 그룹이 필요하다. 다시 한 번 강조하지만 나는 전통이 가장 중요하다고 말하려는 것은 아니다. 왜냐하면 전통 역시 잘못 이해될 소지가 있고, 특별히 정결케 하는 성경의 불에 연단되지 않는다면 일종의 우상 숭배가 될 수 있기 때문이다. 대신에 나는 하나님이 양 무리를 신실하게 하기 위해 초대교회의 성경 기록뿐만 아니라 후기 교회사를 통해서도 역사하신다는 오랜 믿음(기독교의 많은 부분에 들어 있는)을 받아들인다. 하나님은 역사가 계시의 직접적인 원천이거나 그에 필적할 만한 지혜의 원천이 분명 아님에도 불구하고 역사를 사용하신다. 많은 훌륭한 설교자들이 성경의 지혜를 분별하는 데 도움을 얻기 위하여 성경 주석을 사용하고, 많은 교단이 교인들을 가르치기 위하여 신조와 고백을 사용한다. 또한 신학생들은 성경의 편집 과정에서부터 기독교의 다양한 흐름 내에 있는 특정 신앙에 이르기까지 모든 것을 이해하기 위해 교회사를 공부한다. 이처럼 우리도 앞서 간 사람들로부터 배울 수 있다.

우리는 또한 과거와의 연속성이 결여된 시각적 상징들이 예배에서 점차 많이 사용되고 있는 문제에 대해 생각해 보아야 한다. 스크린이 십자가를 가린다. 어떤 경우에는 절기를 상징하는 색깔과 의상, 관련 예전 장식물들이 스크린에 투사된 '이 주의 이미지'에 자리를 내어 준다. 심지어는 훌륭한 새로운 상징들조차도 잠깐 동안의 목적에 맞춰 사용되고는 영구적으로 폐기 처분되고 만다.[9] 한 루터파 교회에서 멀티미디어 사역을 담당하는 어느 책임자는, 자기 교회 목사는 준비된 이미지가 '주일날 스크린에 뜨기 전까지'는 그것을 보지 않는다고 말했다. 디지털 매체는 영상이나 정보 등 이용 가능한 자료들을 폭발적으로 증가시켜서, 텍스트에 접근하는 것이 더 이상 어떠한 종류의 권위와도 연결되지 않는다.[10] 정보는 지식, 심지어는 지혜의 가치를 떨어뜨리는 경향이 있는데 나는 이것을 '정보중심주의'(informationism)라고 부른다.[11]

예전 행위를 기획하는 사람들이 성경학자나 학위를 받은 신학자일 필요는 없지만 자신들이 속한 교파의 전통을 비롯한 예배 전통을 알고 사랑해야 한다. 물론 평신도들도 공예배를 준비하고 발전시키는 데 성직자들만큼 중요한 역할을 해야 하지만, 공동체는 전통의 안내나 교구의 영적 지도자들의 권위 밖에서 완전히 자유롭게 행동해서는 안 된다.

예배에서 음악의 역할에 관한 존 위트블리트의 질문은 프레젠테이션 기술에도 해당된다. "기독교 예배를 활성화하는 프레젠테이션을 개발할 수 있는 상상력과 인내력이 우리에게 있는가? 마케팅 회사가 아닌 우리에게, 회중을 진정으로 섬기는 프레젠테이션을 만들 수 있는 상상력과 인내력이 있는가? 우리에게 예술적 가치에 대한 이해를 풍부하게 발전시키고 실천할 수 있는 상상력과 인내력이 있는가?"[12]

나는 예배가 딱딱하거나 소수의 잘난 사람들만을 위한 것이거나 정적이어야 한다고 말하는 것이 아니라, 회중의 기호뿐 아니라 역사적 유산들까지 고려해야 한다고 제안하는 것이다. 전통들 역시 한때는 혁신적 시도였다. 즉 그러한 전통들 중에는 오늘날 우리가 필요로 하는 창의성의 씨앗이 있을 수 있다. 전통은 올바르고 조화로운 예배에 부적당한 것으로 드러날 때만 거부해야 할 선물이다. 나의 동료 두앤 켈더만이 즐겨 말하는 것처럼 역사 또한 발언권을 가져야 한다. 믿음의 선조들이 우리보다 앞서 살았다. 우리 자신의 소리뿐 아니라 그들의 소리에도 귀기울여야 하지 않을까?

멀티미디어 사역자들

어느 예배 기술 관련 신문은 많은 교회들이 '미디어 목회자' 내지는

'멀티미디어 목회자'를 필요로 하는 시점에 이르렀다고 말한다. 음악가이기도 한 어느 기술 시스템 설계사는 "예배 인도자"(*Worship Leader*)라는 잡지에서 "예배에서 우리가 사용하고자 하는 기술의 수준이 자원 봉사자의 능력을 넘어설 때 교회에는 미디어 목회자가 필요하다"고 밝혔다. 그는 이 새로운 직책을 여섯 가지

> **멀티미디어 '사역자'의 책임**
> 1. 음향, 비디오, 컴퓨터 투사 팀 관리
> 2. 멘토로서 팀원들을 기술적으로, 전문적으로 지도하고 그들에게 영적인 인도자가 되어 주기
> 3. 기술 지원과 관련된 모든 문제들에 대해서 교역자들과 협력을 이루기
> 4. 교회의 모든 장비 조작
> 5. 새로운 기술 시스템 구축에 관여하기
> 6. 할당된 예산에 기초하여 기술과 부품을 구매하고 수리하기[13]

의 책임의 관점에서 정의한다. 놀랍게도 많은 교회들이 일단의 예배 기획팀만으로도 잘 해 나갈 수 있는 반면, 기술을 강조하는 어떤 교회들은 그러한 전임 사역자를 필요로 한다. 그렇다면 왜 이러한 종류의 직책에 있는 사람이 예배와 관련된 결정들에 대해 영적인 권위를 가진 목사나 사역자여야 하는가? 만일 프레젠테이션을 준비하는 사람이 심미적인 것만이 아니라 내용도 다룬다면, 그는 성경적으로 신학적으로, 그리고 예전적으로 현명한 목사나 평신도여야 한다.

멀티미디어 목회자들에 관한 논의를 들어 보면, 그들의 일 가운데 얼마 정도가 기술로 여겨지고 얼마 정도가 예배 기획의 일부로 여겨지는지 궁금해진다. 심지어 위에 묘사한 여섯 가지의 책임도 기술진의 영적인 지도자가 되어 주는 것을 제외하고는 안수받은 목사가 담당할 필요는 없다(물론 이 때조차도 우리는 기술팀이 담임 목사의 영적인 양육 아래에 있다고 가정하지만). 따라서 탁월한 멀티미디어 목회자나 사역자에게 필요한 자질은 다음과 같다.

| 하이테크 예배 기획자들에게 필요한 자질 |

1. 성경 연구, 영적 멘토, 교회사에 대한 이해, 예전적 지식 등에서 얻은 **지혜**
2. 겸손과, 기계나 기술이 아닌 하나님에 대한 궁극적인 신뢰에서 생기는 **중용**
3. 인간이 만든 단기간의 손쉬운 해결 기술이 아니라 하나님의 언약에 대한 장기적인 안목에 기초한 **인내**
4. 기쁨의 삶과 충만한 은혜에 대한 열망, 교제의 기쁨에서 드러나는 하나님과 이웃에 대한 **사랑**
5. 프레젠테이션의 미학적인 부분과 신학적인 부분의 기획, 설계, 평가 등에서 드러나는 **탁월함**
6. 겸손, 다른 사람들의 의견 청취, 자원 봉사자들과 스태프들에 대한 격려, 정의감에서 드러나는 **협동 정신**

목사들은 예배 기획에서 자신의 역할을 포기해서는 안 된다. 또한 그 과정을 통제해서도 안 된다. 그들은 활기차고 성경적으로 건전하며 진심 어린 예배를 드릴 수 있도록 필요할 때마다 예배 기획을 감독해야 한다.

결론

교회가 아무리 좋은 의도를 가졌다 하더라도 기술에 대한 의욕이 교회 리더십의 권위를 손상시켜서는 안 된다. 정보화 시대에는 마음의 문제가 아니라 기술과 정보를 다루는 독립적인 전문가들이 우리 삶의 전 영역에 영향력을 행사한다. 오늘날 사회에서 우리는 더 큰 그림, 즉 예배의 목적을 이해하지 못하는 기술 전문가들에게 너무 빨리 권위를 부여한다.

철학자 마르틴 하이데거(Martin Heidegger)는 기술은 새로운 **형이상학**, 즉 현대 종교라고 주장했다.[14] 전문적인 기술 지식에 대한 맹신은 하나님의 말씀과 이 땅에 있는 하나님의 목자들의 권위에 도전할 수 있다. 우리는 성(性)과 스포츠, 종교에 이르기까지 삶의 모든 영역에서 성공을 보장해 줄 '올바른 기술'을 찾는데, 여기서 성공이란 일반적으로 개인의 자기 달성을 의미한다. 우리는 겸손한 순종 대신 통제력을 추구한다.

우리는 교회 구조와 전통 안에 그러한 실용주의적 개인주의를 받아들이는 대신, 교회가 그리스도의 통치 아래에서 살아가는 신자들의 유기체라는 생각을 회복해야 한다. 분명 예배 기획은 기술적인 전문 지식을 요구한다. 하지만 예배 기획은 궁극적으로 숙련된 기술이 아니라 하나님의 나라라는 더 큰 대의명분을 위해 개인의 은사와 재능을 신실하게 사용하는 것이다.

high-tech worship 8
지혜롭게 나아가기

우리의 기술적인 노력은 순종의 여정이어야 하며, 더 큰 통찰력으로
천지만물을 하나님의 나라로 이해하게 해주는 방식이어야 한다.[1]
_에그버트 슈만

예배에서 프레젠테이션 기술을 현명하게 사용하기 위해서는, 현대적 장비나 예배 스타일보다 우선적인 어려운 문제들에 대한 올바른 판단이 필요하다. 앞에서 제시한 것처럼 기독교 전통에서 지혜를 얻는다는 것은 단지 어떤 기술을 아는 것이 아니라 실재를 더 정확하게 파악하는 것을 뜻한다. 오직 분별력 있는 사람이나 현명한 공동체만이 그러한 지혜를 구하기 위해 제대로 된 질문을 던질 수 있다.

따라서 나는 이 마지막 장에서, 이 책에서 제시한 지혜들을 요약하고자 한다. 다음은 예배에서 프레젠테이션 기술을 관리하는 신실한 청지기가 되기 위한 여섯 가지 방법이다.

1. 예전에 대해 배우라

이는 아무리 강조해도 지나치지 않다. 오늘날은 예배 위원회에서 섬기는 사람들을 비롯한 많은 신자들이 좋은 예전 행위보다 기술에 관해 훨씬 더 많이 알고 있다. 우리의 기술적인 기교들은 예전적인 지혜를 앞서가고 있다. 새로운 기술을 예배에 적절히 적용하기 위해서는 프레젠테이션 기술을 예배에 어떻게 잘 사용할 것인지뿐만 아니라 예배가 무엇인지를 명확히 밝혀야 한다. 그렇지 않으면 하나님께 영광을 돌리기보다는 더 교훈적이거나 신나거나 주목을 끄는 새로운 예배 의식들을 만들어 낼 것이다.

예배의 청지기로서 우리는 목사와 다른 영적인 지도자들의 권위 아래 다양한 미학적, 음악적, 기술적, 영적 재능을 지닌 사람들을 운용하는 일에 관여할 필요가 있다. 회중을 잘 섬기기 위해서는 한두 명의 기술자나 신학자 혹은 예전 전문가에게 예배를 맡겨 버려서는 안 된다. 또한 평신도들도 예배 기획에 의미 있게 참여하기 위해 예전에 대해서 충분히 알아야 한다. 예배에 프레젠테이션 기술을 도입하는 것은 참여자들이 예전에 대해 배울 수 있는 좋은 기회가 된다.

2. 하이테크 예배뿐 아니라 로테크 예배로부터도 배우라

우리는 타문화권에 있는 교회로부터 좋은 예전 행위에 대해 많이 배울 수 있다. 성령님은 오늘날 중앙아프리카와 라틴 아메리카 같은 곳에서 특별히 생생하게 역사하신다. 최소한의 기술로도 성장하고 있는 교회가 매우 많다. 우리는 북미에서 성장하고 있는 대형 하이테크 교회들에게서 배울 수 있는 것과 마찬가지로 그들에게서도 배울 수 있다. 구어를 사랑하고, 이야기하기를 좋아하고, 대화식으로 노래하고, 예수 그리스도 안에서의 삶을 춤으로 나타내면서 음악적 표현을 사용하는 구두 문화의 예전을 특별히 살펴보자. 우리는 그들을 통해 대화로서의 예배를 부활시키는 법을 발견하게 될 것이다. 그러한 문화권에서 온 교인들을 우리의 예배 기획에 초대하여 참여시켜 보자.

살아 있는 예배는 수동적인 소비가 아니라 회중의 참여를 활성화한다. 그러한 예배에서는 신앙 공동체가 하나님에 대한 언약의 의무를 갱신하는 유기적 수단으로서 예전을 갈망한다. 텔레비전과 영화, 연극 같은 멀티미디어가 공습하는 시대에 우리는 때때로 가장 적합한 예배는 "적은 것이 많은 것이다"라는 모순된 금언을 따른다는 사실을 기억해야 한다. 또 어느 때에는 완숙한 기술적 프레젠테이션이 그만큼 의미 있고 매력적이고 대화적일 수 있다. 어느 경우든지 로테크 회중에게서 우리 예배의 미래를 일부 발견할 수 있을 듯하다.

3. 새로운 기술을 가지고 천천히 진행하라

기술의 급속한 혁신이 반드시 사회적, 문화적 혹은 특별히 영적인 진보를 가리키는 것은 아니다. 각종 광고는 우리가 생활 속에 최신의 기구들을 갖고 있지 않으면 뒤떨어진다고 말한다. 메시지로 가득 찬 삶이 너무나 버겁다는 것을 아는 우리가 왜 이러한 종류의 과장된 말까지 믿어야 하는가?

우리는 하이테크 예배의 유익과 약점에 대해 완전히 파악할 수 없다. 우리는 예술이 지난 수백 년 동안 예배에 끼친 좋고 나쁜 영향을 잘 알고 있다(이미지도 음악처럼 최고와 최악의 신학을 모두 표현할 수 있다). 하지만 하이테크 기술이 예배에 장기적으로 어떤 영향을 미칠지에 대해서는 아직 알 수 없다.

또 프레젠테이션 기술은 몇몇 교회들에서만 계속 사용될 뿐 결국 사라질 일시적인 유행이 될지도 모른다. 나는 모든 새로운 기술의 발전이 잠깐의 인기를 구가하고 궁극적으로는 적당한 균형점을 찾을 것이라고 예상한다. 아마도 우리는 형편없는 청지기로 전락하지 않고도 그러한 접합점을 찾을 수 있을 것이다.

우리 스스로 만들어 낼 수 없는 예전의 미래에 겸손히 접근해 보자. 프레젠테이션 기술을 사용하는 것은 본래 그 자체가 목적이 아니라 배움의 과정이다. 우리는 실수할지도 모른다. 다른 사람들에게 감동을 주거나 기술의 시대에 편승하려는 잘못된 갈망으로 인해 어리석은 길로 접어들지도 모른다. 반면 새로운 기술에 대해 신중하게 반응하면 할수록 그 과정에서 지혜를 얻을 가능성은 더욱 커진다.

혁신이 천천히 이루어지면 회중에게 새로운 기술에 대해 성찰하고 덜 파괴적인 변화에 적절히 적응할 수 있는 기회를 제공하게 된다. 예를 들어, 특별한 예배에만 프레젠테이션 기술을 도입하면 하이테크 예배에서 잃어버릴 수 있는 것들에 대해 크게 염려하는 교회에 훨씬 도움이 될 것이다.

로테크 예배의 세 가지 주요 요소
1. 환대 – 다른 사람들을 환영하기 (롬 12:9-21)
2. 우정 – 자기 희생적으로 다른 사람들을 사랑하기(요 15장)
3. 우호 – 공동체 밖의 사람들을 섬기기(눅 15:11-32)

4. 공동체의 질을 고려하라

프레젠테이션 기술을 잘못 사용하면, 우리의 관심이 공동체에서 벗어나 개인주의와 소비주의로 향하게 된다. 정보화 시대는 특정한 예배자들을 위한 특별한 예전의 시대이기도 하다.

오늘날 많은 대형 교회들과 몇몇 중형 교회들은 회중을 통계적 수치나 예술적 기호, 생활 양식(예를 들어 토요일 밤 예배 참석) 등에 기초하여 더 작은 단위의 그룹으로 나누고 있다. 여론 조사가인 조지 바나에 의하면 예배에 참석하는 사람들의 47퍼센트가 '자기 자신'에 초점을 맞추었고, 29퍼센트는 '하나님'께 초점을 맞추었고, 2퍼센트는 그 어떠한 것에도 특별히 관심이 없었다.[2] 심지어 오늘날 평신도들조차 '전통' 예배와 '현대' 예배를 분명히 구분되는 별개의 것으로 언급하는데, 사실 역사적으로 볼 때 거의 모든 예배는 연속성과 혁신의 결합이다.

어떻게 하면 신실한 예배와 건강한 공동체적 삶 둘 다를 위해 적합하게 프레젠테이션 기술을 사용할 수 있을까? 이는 교회들이 파이프 오르간을 전자 기타로, 스테인드글라스를 현수막으로 바꾸며 이전의 예술적, 기술적 요소에 새 것을 적용시켰던 것과 동일한 방식으로 이루어져야 할 것이다. 일반적으로 예전에 가장 뿌리 깊이 박혀 있는 기술들이 가장 큰 관심을 불러일으키고, 가장 중요한 혁신으로 이어진다.

환대와 우정과 우호는 기독교 공동체의 특징이 되어야 하는 세 가지 중요한 요소다. 우리는 아마도 그러한 실천을 기준으로 자신의 교회 공동체의 질을 측정할 수 있을 것이다. 그 다음에 기술이 그 실천에 얼마나 훌륭히 기여하는지 혹 그것을 손상시키는지 평가할 수 있을 것이다.

5. 옛 것을 새 것에, 새 것을 옛 것에 적용하라

하나님의 창조 세계가 보여 주듯이 예배를 드리는 데도 다양한 방법이 있다. 우리는 어떠한 관행이 지속적인 가치를 가지고 있는지, 어떤 것을 버려야 하는지, 그리고 회중이 유일하시고 참되신 하나님을 감사하는 마음으로 찬양하는 것을 진정으로 도와줄 수 있는 관행이 무엇인지 분별해야 한다.

오늘날 어떤 교회들은 단지 옛 것과 새 것을 혼합함으로써 이러한 작업을 지나치게 단순화하는 경향이 있다. 이러한 접근법은 혁신과 전통을 존중하기 때문에 어느 정도 지혜가 들어 있다. 하지만 단지 성도의 삶과 관련이 있거나 그들에게 영향을 끼친다고 해서 무엇이나 다 혼합해도 되는 것은 아니다.

'혼합'의 핵심은, 예배가 **도구적**이 아니라 **필수적**이라는 것을 기억하는 것이다. 우리는 어떤 실제적인 목표를 성취하거나 특정한 결과를 만들어 내기 위해 예배하는 것이 아니라 그것이 올바르고 적절하고 적합하기 때문에 예배한다. 그 결과는 삼위일체 하나님께 달려 있고, 특히 성령님은 우리가 예배할 수 있도록 인도하신다.

오늘날 예전 기획에는 예배를 도구적으로만 보는 편협한 관점이 상당히 팽배해 있지만 성경에서는 이를 찾을 수 없다. 예배에 대한 이런 불완전한 생각은 주로 현대 산업주의의 산물이다. 달리 말해 그것은 인간의 운명을 조작하고 심지어 예배를 인간의 계획에 부합시키려는 타락한 피조물들의 시도인 것이다.

최고의 예전은 무엇보다 감사하는 마음으로 하나님께 찬양 드리는 것이다. 시편 33편은 의인(스스로 의롭다 하는 자가 아닌)이 하나님을 찬송하는 것이 마땅하다고 말하고 있다. 우리는 회중에게 미치는 효과를 극대화하기 위해서가 아니라 하나님과 서로에게 진실하기 위하여 옛 것과 새 것을 혼합한다. 이것이 바로 우리가 새로운 기술을 무조건 채택하거나 거부하지 않고 적용해야 하는 이유다.

6. 진실하고 아름다운 예배를 추구하라

우리의 프레젠테이션은 하나님께 향기로운 제물이 될 수 있다. 오늘날 많은 사람들이 아름다움을 주로 박물관이나 미술관에서 찾을 수 있다고 생각한다. 사람들은 후원자가 기증한 건물이나 엘리트들이 통제하는 환경에 있는 예술 작품을 감상하기 위해 수백 킬로미터를 운전해 가지만, 하나님의 전에서는 그러한 아름다움을 거의 기대하지 않는다. 그러나 우리는 그러한 기대를 확실히 바꿀 수 있다.

아름다운 예배는 후원자들, 입장권을 가진 사람들, 지식인들, 신학자들, 비평가들 같은 특별한 계층을 위한 것이 아니라 모든 신자를 위한 것이다. 프레젠테이션 기술은 '단순한 우아함을 포착하고, 평범함을 고상하게' 하는 새로운 방법을 제공해 준다.

예전 프레젠테이션은 회중이나 방문객들에게 보여 주기 위한 것이 아니라 진실한 것이어야 한다. 그리고 그 진실함은 우리가 죄를 용서받았고(레 26:13) 하나님을 섬기고 있다(삼상 2:11)는 사실을 아는 데서 기인한다. 주님은 우리 마음을 아신다. 보여 주기 위한 인위적인 예배는 주님께 모욕이 되지만 잘 실행된 프레젠테이션은 달콤한 향기와 같다.

> **아름답고 진실한 예배**
> 1. 예배자들이 시청각적인 조작 없이 진정한 대우를 받고 있는가?
> 2. 회중은 하나님에 대한 진심 어린 감사와 예수 그리스도에 대한 사랑을 깊이 느끼며 예배에 참석하는가?
> 3. 모든 프레젠테이션과 현수막, 그리고 다른 예술품들을 포함한 예배 공간은 보기에 즐겁고, 영감을 주며, 주님 앞에 모인 회중에게 적합한가?

결론

하나님은 예배 의식에 우리를 예배자로서 부르시는데, 이 예배는 인간으로서 할 수 있는 가장 중요한 일이다. 예전은 우리가 하는 다른 모든 일들을 위한 살아 있는 배경이 된다. 하늘은 하나님의 영광을 보며 큰 소리로 외치고, 모든 피조물이 그러한 영광을 노래하며 드러내고 있다. 그리고 우리 또한 그렇게 해야 한다.

하나님은 우리를 예배로 초대하시고 우리는 그 초대를 받아들인다. 하나님을 찬양하는 것은 올바르고 마땅한 일이다. 우리가 모여서 복음을 듣고, 하나님의 전능하신 이름을 찬양하고, 우리의 깊은 상처를 고백하고, 우리의 믿음을 선포하고, 하나님의 말씀을 듣고, 기도 가운데 서로를 격려하고, 주님을 사랑하고 섬기라는 하나님의 축복과 함께 평안히 떠나는 것은 우리의 기쁨이요 구원인 것이다.

예배 속에서 하나님은 평범한 것을 비범한 것으로 변화시키신다. 완벽한 예전 프레젠테이션은 없지만, 그렇다고 해서 예배가 평범해지거나 경외와 진실함이 결여되어서는 안 된다. 오늘날 예배를 기획하기 위해서는 프레젠테이션 기술을 거룩한 찬양에 현명하게 적용하는 것을 배워야 한다. 그 과정에서 전통과 성경을 존중해야 하며, 창의성과 자질 그리고 진실한 믿음이 절대적으로 필요하다.

우리는 예배에서 새로운 기술의 가치를 과대 평가해서는 안 되지만 그 기술의 잠재력을 과소 평가해서도 안 된다. 기술적으로, 예술적으로, 예전적으로 뛰어난 사람들은 예전을 기획하고 시행할 때 모두 함께 연합해야 할 것이다.

우리는 상상력과 호기심, 능력 그리고 우리의 전 존재를 예배에 드려야 한다. 그 때 비로소 예배는 영화로운 하이테크 제사가 될 수 있다.

주

머리말

1) Robert Phillips, "Proclamation and Worship in the 21st Century", *Southwestern Journal of Theology* 42(summer 2000), p. 58.

1. 우리의 혼란

1) Søren Kierkegaard, *Provocations: Spiritual Writings of Kierkegaard*, comp. and ed. Charles E. Moore(Farmington, Pa: Plough, 1999), p. 411를 보라.
2) Ivan Illich, *Tools for Conviviality*, ed. Ruth Nanda Anshen(New York: Harper & Row, 1973).
3) Louis Weil, *A Theology of Worship*(Cambridge, Mass.: Cowley, 2002), p. 111를 보라.
4) Eugene H. Peterson은 "영성은 우리 전통들 속에서 깊이 우물을 판다. 그리고 어느 순간 우리는 공통의 대수층에 이르렀음을 발견한다"고 쓴다. 이어서 그는 "멀리 가는 것이 아니라 깊이 파고 들어감으로써 당신에게 속한 것을 바로 발견하라. 남의 떡이 더 커 보인다. 모든 종교 공동체에는 나름대로의 약점들이 있다. 당신의 과업은 당신의 사막에서 우물을 파는 것이다"라고 덧붙인다. *Subversive Spirituality*(Grand Rapids: Eerdmans, 1997), pp. 38-39.
5) 이후에 나오는 데이터들은, 내가 2003년에 미시간 주 그랜드 래피즈에 있는

칼빈 신학교 내의 칼빈 기독교 예배 연구소의 지원으로 전국 교회를 대상으로 한 조사에서 얻은 거의 최종적 자료다.

6) Society of St. John the Evangelist, *The Rule of the Society of Saint John the Evangelist*(Cambridge, Mass.: Cowley, 1997), p. 36.

7) 이러한 주장을 가장 설득력 있게 표현한 Pierre Babin, *The New Era in Religious Communication*(Minneapolis: Fortress, 1991)을 참고하라.

8) Doug Adams, quoted in Micahel G. Bausch, *Silver Screen Sacred Story: Using Multimedia in Worship*(Bethesda, Md.: Alban Institute, 2002), p. ix.

9) Len Wilson, *The Wired Church: Making Media Ministry*(Nashville: Abingdon, 1999), p. 41.

10) Bausch, *Silver Screen Story*, p. 49.

11) Patricia S. Klein, *Worship without Words: The Signs and Symbols of Our Faith*(Orleans, Mass.: Paraclete, 2000)를 참고하라.

12) Rebecca Lyman, *Early Christian Traditions*(Cambridge, Mass.: Cowley, 1999), p. 67.

13) 같은 책, p. 64.

14) Neil P. Hurley, S. J., "Telstar, Electronic Man, and Liturgy", *Worship* 39 (June/July 1965), p. 324.

15) James W. Carey, *Communication as Culture: Essays on Media and Society*(Boston: Unwin Hyman, 1989), pp. 13-36를 보라.

16) Bausch는 이 정의를 *The Dictionary of Multimedia*에서 취한다. *Silver Screen Sacred*, p. 7를 참고하라.

17) 대화로서의 예배에 대해 간략하지만 명확히 표현한 CRC Publications, *Authentic Worship in a Changing Culture*(Grand Rapids: CRC Publications, 1997), pp. 39-40를 참고하라.

18) Craig M. Gay, *The Way of the(Modern) World: Or, Why It's Tempting to Live as If God Doesn't Exist*(Grand Rapids: Eerdmans, 1998), p. 293.

19) Richard Rohr, *Simplicity: The Art of Living*(New York: Crossroad, 1991), p. 56.

2. 예배란 무엇인가

1) Richard Winter, *Still Bored in a Culture of Entertainment: Rediscovering Passion and Wonder*(Downers Grove, Ill.: InterVarsity Press, 2002), p. 133.

2) Tim Eason, "The Software-Driven Church", *Church Magazine*, December

2000, http://www.churchmedia.net/CMUarticles/software/010.shtml.
3) Jacques Ellul, *The Technological Society*(New York: Vintage, 1964), p. xxv.
4) Barna의 2002년 연구는 곧 출판하게 될 다음의 자료 *Music and the Church: Relevance in a Changing Culture*(Waco: Baylor University Press)에 실려 있다. 연구의 요약은 http://www.barna.org에서 볼 수 있다.
5) Nicholas Wolterstorff, *Until Justice and Peace Embrace*(Grand Rapids: Eerdmans, 1983), p. 155.
6) Ernest Gordon, *To End All Wars*(Grand Rapids: Zondervan, 2002), p. 125.
7) H. Richard Niebuhr, *The Responsible Self*(Louisville: Westminster John Knox, 1999), p. 31.
8) A. W. Tozer, *The Pursuit of God*(Harrisburg, Pa.: Christian Publications, 1968), p. 73.
9) N. T. Wright, "Freedom and Framework, Spirit and Truth: Recovering Biblical Worship"(lecture, *January Series*, Calvin College, 11 January 2002). Cornelis Dippel은 '인간들을 치유하고, 돌보고, 충만하라는 이러한 명령의 관점에서' 우리의 기술적 능력을 보아야 한다고 말한다. Cornelis Dippel, "Liturgy in the World of the Sciences, Technology and Commerce", in *Liturgy in Transition*, ed. Herman Schmidt, S. J.(New York: Herder and Herder, 1971), p. 104. 창조 자체가 '상상력 넘치는 사랑의 행위'인 것이다. Cornelius Plantinga Jr., *Engaging God's World: A Reformed Vision of Faith, Learning and Living*(Grand Rapids: Eerdmans, 2002), p. 23.
10) Samuel E. Balentine, *The Torah's Vision of Worship*(Minneapolis: Fortress, 1989), p. 91.
11) Hugh Wybrew, *The Orthodox Liturgy: The Development of the Eucharistic Liturgy in the Byzantine Rite*(London: SPCK, 1989), pp. 5-6를 참고하라.
12) Lyman, *Early Christian Tradition*, p. 101.
13) Don E. Saliers, *Worship Com to Senses*(Nashville: Abingdon, 1996), pp. 14-15.
14) Nicholas Wolterstorff, "Justice as a Condition of Authentic Liturgy", *Theology Today* 48(April 1991), p. 8.
15) David Peterson, *Engaging with God: A Biblical Theology of Worship* (Downers Grove, Ill.: InterVarsity Press, 2002), pp. 250-253.
16) Lyman, *Early Christian Traditions*, pp. 63-65.
17) 교회사에 나타나 있는 교단 출현 이전의 예배의 요소들을 또 다른 관점에서

바라보는 글로는 Robert E. Webber, *The Worship Phenomenon*(Nashville: Abbott Martyn, 1994), pp. 149-155; Webber, *Worship Is a Verb*(Waco: Word, 1985), pp. 47-66를 보라.

18) 물론 기독교 신앙의 타협 불가능한 부분들은 항상 특정한 문화와 심지어 지역 회중을 통해 '상황화되거나' '중재된다.' 그럼에도 불구하고 복음에는 역사적인 실체가 있고 그 결과 복음에 기반하는 예배에도 역사적인 실체가 있다. 하나님은 성경과 육신이 되신 말씀, 즉 예수 그리스도를 통하여 복음의 진리를 계시하신다.

19) James B. Torrance, *Worship, Community & the Triune God of Grace* (Downers Grove, Ill.: InterVarsity Press, 1996), p. 56.

20) William H. Willimon, *The Service of God: Christian Work and Worship* (Nashville: Abingdon, 1983), p. 56.

21) Graig Dykstra, *Growing in the Faith: Education and Christian Practices* (Louisville: Geneva, 1999), p. 91.

22) 예전과 미학에 관련된 문헌을 위해서는 John D. Witvliet, "Toward a Liturgical Aesthetic: An Interdisciplinary Review of Aesthetic Theory", *Liturgy Digest* 3, no. 1(1996): pp. 4-87를 참고하라.

23) Richard R. Gaillardetz, *Transforming Our Days: Spirituality, Community, and the Liturgy in a Technological Culture*(New York: Crossroad, 2000), p. 94.

24) Jaroslav Pelikan, *The Vindication of Tradition*(New Haven: Yale University Press, 1984), p. 65.

25) G. Stephen Blackmore, "New Worship Media for New Generations", *Christian Ministry* 28(April 1997): p. 20. 영어 단어 '전통'(tradition)은 '물려주다'라는 뜻의 라틴어 동사 *tradere*에서 왔다. Lyman, *Early Christian Traditions*, p. 3를 보라.

3. 공예배와 기술

1) Robert Phillips, "Changes in Technology", *Southwestern Journal of Theology* 3(summer 2000), p. 57.

2) Susan J. White, *Christian Worship and Technological Change*(Nashville: Abingdon, 1994), p. 36.

3) 같은 책, p. 64 이하.

4) Carl Mitcham, *Thinking through Technology: The Path between Engineering*

and Philosophy(Chicago: University of Chicago Press, 1994), p. 129.
5) Nathan D. Mitchell, "The Amen Corner", *Worship* 75(September 2001), p. 472.
6) Neal Gabler, *Life the Movie: How Entertainment Conquered Reality*(New York: Random House, 1998), p. 1.
7) "Parliamentary Debates", Fifth Series, Volume 393, *House of Commons Official Report*, Ninth Volume of Session 1942-1943, 28 October 1943 (London: His Majesty's Stationary Office, 1943), p. 403에 나오는 Winston Churchill의 말.
8) Crowley-Horak, "Testing the Fruits: Aesthetics as Applied to Liturgical Media Art"(doctoral diss., Union Theological Seminary, New York, 2002), p. 75에서 인용.
9) Phillips, "Changes in Technology", p. 56.
10) Quentin J. Schultze 외, *Dancing in the Dark: Youth, Popular Culture, and the Electronic Media*(Grand Rapids: Eerdmans, 1991), p. 192에 나오는 Bob Pittman의 말 인용.
11) Wright, "Freedom and Framework, Spirit and Truth."
12) 인간이 책임 있는 하나님의 종으로 부름받았다는 주장에 대한 요약은 특별히 Nicholas Wolterstorff, *Art in Action: Toward a Christian Aesthetic* (Grand Rapids: Eerdmans, 1980), pp. 74-76를 참고하라. 예배에서 '매체예술'의 역할은 Crowley-Horak, "Testing the Fruits", p. 9이하에서 논의되고 있다.
13) Wolterstorff, *Until Justice*.
14) 수사학의 역사에서 Augustinus의 위치를 알기 원하면 George A. Kennedy, *Classical Rhetoric and Its Christian and Secular Tradition: From Ancient to Modern Times*(Chapel Hill: University of North Carolina Press, 1980), pp. 149-160를 참고하라. 또한 Garry Wills, *Saint Augustine*(New York: Penguine, 1999), p. 45를 참고하라.

4. 기술은 손쉬운 해결책이 아니다

1) Robert E. Webber, *Worship Old and New: A Biblical, Historical, and Practical Introduction*, rev. ed.(Grand Rapids: Zondervan, 1994), p. 106.
2) 나는 이 주장을 *Habits of the High-Tech Heart: Living Virtuously in the Information Age*(Grand Rapids: Baker Academic, 2002)에서 훨씬 더 발전시

키고 있다.

3) Eugene H. Peterson, *The Contemplative Pastor*(Carol Stream, Ill.: CTI, 1989), p. 72.
4) Marva Dawn, *Powers, Weakness and the Tabernacling of God*(Grand Rapids: Eerdmans, 2001).
5) Kathleen A. Cahalan, "Technology and Temperance", *Chicago Studies* 41(spring 2002), p. 30.
6) Marva J. Dawn, *A Royal 'Waste' of Time: The Splendor of Worshiping God and Being Church for the World*(Grand Rapids: Eerdmans, 1999), p. 123. 「고귀한 시간 낭비-예배」(이레서원).
7) 그렇게 발전한 운동들 중 하나는 '단순성 운동'이다.
8) Sally Morgenthaler, "Worship and Technology: Beyond the Hype", *Worship Leader*, Technology Issue(2001)에서 인용.
9) 예전에 미친 교훈주의의 영향에 대해 알고 싶으면 Wolterstorff, *Until Justice*, p. 158를 참고하라.
10) White, *Christian Worship*, p. 101. Kathleen Norris에 따르면 '예배 담당자들'이 예배를 통제할 때 "예배는 사상들의 무게와 정치적인 이데올로기의 중력과 함께 한 편의 나쁜 시처럼 굳뜨게 된다." Norris는 천국을 '끝없는 성경학교'와 마찬가지로 보는 '지독하게 교육적인' 예배에 대한 Emily Dickinson의 절망감을 회고하고 있다. 그리고 "언어와 마찬가지로 예배는 조작하려는 노골적인 노력을 거부하고 초월한다"고 결론내린다. Kathleen Norris, *Amazing Grace: A Vocabulary of Faith*(New York: Riverhead, 1998), pp. 247-248, 250.
11) J. D. Biersdorfer, "Religion Finds Technology", *New York Times*(16 May 2002), http://www.newyorktimes.com/2002/05/16?technology/circuits/16CHUR.html(22 May 2002).
12) Josef Pieper, *Leisure: The Basis of Culture*(South Bend, Ind.: St. Augustine's, 1998), pp. 58, 68.
13) Harold M. Best, *Music through the Eyes of Faith*(San Francisco: HarperCollins, 1993), p. 57. 「신앙의 눈으로 본 음악」(IVP).
14) Dawn, *A Royal "Waste" of Time*, p. 233.
15) Ian Barbour, *Science and Secularity: The Ethics of Technology*(New York: Harper & Row, 1970), pp. 68-69. "기술은 믿음직하고 효율적이고 확실하며, 우리에게 통제력을 제공해 주어 파우스트와 같은 거래가 유일한 논리적 전

제 조건으로 보인다." Ronald Cole-Turner, "Science, Technology, and Mission", in *The Local Church in a Global Era: Reflections for a New Century*, ed. Max L. Stackhouse, Tim Dearborn, and Scott Paeth(Grand Rapids: Eerdmans, 2000), p. 102.

16) Peterson, *Subversive Spirituality*, p. 211.

17) Dawn, *A Royal "Waste" of Time*, p. 102.

5. 기술을 예배에 조화시키기

1) Mitchell, "The Amen Corner", p. 254.
2) 나는 '조화로움'라는 이 개념을 Wolterstorff, *Art in Action*, 특별히 pp. 184-191에서 차용했다.
3) Dorothy C. Bass, *Receiving the Day: Christian Practices for Opening the Gift of Time*(San Francisco: Josséy-Bass, 2000), p. 109.
4) Bausch, *Silver Screen Sacred Story*, p. 107.
5) Wolterstorff, *Art in Action*, p. 187.
6) Crowley-Horak은 예전적 매체 예술의 다섯 가지 기능을 제시한다. 첫째 예배 환경을 창출하는 기능, 둘째 정보를 전달하는 기능, 셋째 커뮤니케이션을 강화하는 기능, 넷째 참여를 권장하는 기능, 다섯째 세상에 계신 하나님과의 관계로 초대하는 기능이다. Crowley-Horak, "Testing the Fruits", p. 85.
7) Emily R. Brink, "Gizmos and Grace: One Example of How New Technology Can Help Worship Leaders", *Reformed Worship* 44(June 1997), p. 2.
8) Lyman, *Early Christian Traditions*, p. 5.
9) Robb Redman, *The Great Worship Awakening: Singing a New Song in the Post-modern Church*(San Francisco: Jossey-Bass, 2002).
10) John D. Witvliet, *Worship Seeking Understanding: Windows into Christian Practice*(Grand Rapids: Baker, 2003), pp. 203-229.

6. 기술의 청지기

1) Julia Keller, "Killing Me Microsoftly", *Chicago Tribune Magazine*, 5 January 2003, p. 11.
2) John P. Jewell, *New Tools for a New Century: First Steps in Equipping Your Church for the Digital Revolution*(Nashville: Abingdon, 2002), p. 12.
3) 초대교회는 친구들, 친척들, 이웃들의 네트워크를 이용한 전도에 대한 포괄적

인 접근법을 갖고 있었다. Robert E. Webber, *Journey to Jesus: The Worship, Evangelism, and Nurture Mission of the Church*(Nashville: Abingdon, 2001), pp. 29-42를 보라. Webber, *Celebrating Our Faith: Evangelism through Worship*(San Francisco: Harper & Row, 1986); Michael Green, *Evangelism in the Early Church*(Grand Rapids: Eerdmans, 1970). 「초대교회의 전도」(생명의말씀사).

4) Colleen Carroll, *The New Faithful: Why Young Adults Are Embracing Christian Orthodoxy*(Chicago: Loyola Press, 2002)를 참고하라.

5) Quentin J. Schultze, *Televangelism and American Culture: The Business of Popular Religion*(Grand Rapids: Baker, 1991)의 7장을 참고하라.

6) Dietrich Bonhoeffer, *The Cost of Discipleship*(New York: Macmillan, 1963), pp. 46-47. 「나를 따르라」(대한기독교서회).

7) Wolterstorff, *Until Justice*, pp. 9-10.

8) 같은 책, p. 17.

9) Henri J. M. Houwen, *The Way of the Heart*(New York: Ballantine, 1981), p. 31. 「마음의 길」(분도출판사).

10) Kierkegaard, *Provocations*, p. 19.

11) Nouwen, *The Way of the Heart*, p. 5.

12) Kierkegaard는 전달하는 데 너무 바빠 자신이 무엇을 가르치고 있는지를 잊어버리는 것을 전적으로 비윤리적인 것이라고 말한다. *Provocations*, p. 85를 보라.

13) Charles J. Chaput, "Fools with Tools Are Still Fools", *Nuntium*(June 1998), http://www.archden.org/archbishop/docs/foolswithtools.htm(26 October 2001).

14) Charles J. Chaput, "*Deus ex Machina*: How to Think about Technology", *Crisis* 16(October 1998), p. 19.

7. 권위와 자질

1) White, *Christian Worship*, p. 36.

2) Bausch, *Silver Screen Sacred Story*, pp. 76-80.

3) 같은 책, p. 85.

4) 예배의 역사를 이해하기 위해서는 Robert E. Webber, *Worship Old and New*, pp. 208-211를 보라.

5) '현대 대 전통 대 혼합' 식의 예배 분류법의 약점을 분석하기 위해서는 Lester

Ruth, "A Rose by Any Other Name: Attempts at Classifying North American Protestant Worship", in *The Conviction of Things Not Seen: Worship and Ministry in the 21st Century*, ed. Todd E. Johnson(Grand Rapids: Brazos, 2002), pp. 34-36를 보라.

6) White, *Christian Worship*, p. 54.

7) Peterson, *Contemplative Pastor*, p. 72.

8) William H. Willimon, *Pastor: The Theology and Practice of Ordained Ministry*(Nashville: Abingdon, 2002), pp. 56-58.

9) 어떤 연구에 의하면 '영적인 지도자들'이 인터넷을 가장 많이 사용하는 목적은 예배를 위한 자료를 찾는 것이다. Elena Larsen 외, "Wired Churches, Wired Temples: Taking Congregations and Missions into Cyberspace", Pew Internet & American Life Project(December 2000), p. 19, http://www.pewinternet.org/를 참고하라.

10) Tim Stratford, *Liturgy and Technology*(Cambridge, England: Grove Books, 1999), p. 13.

11) Schultze, *Habits of the High-Tech Heart*, pp. 26-30.

12) John D. Witvliet, "Beyond Style: Rethinking the Role of Music in Worship", in Johnson, *The Conviction*, pp. 73-77.

13) Donald C. Cicchetti, "Is It Time for a Media Pastor? Combining Technology and Ministry", *Worship Leader*(summer 2000), pp. 23-24.

14) Martin Heidegger, "The Question Concerning Technology"에 대한 에세이를 참고하라. Martin Heidegger, *The Question Concerning Technology and Other Essays*, trans. William Lovitt(New York: Harper Torchbook, 1977), pp. 4-35.

8. 지혜롭게 나아가기

1) Egbert Schuurman, "A Christian Philosophical Perspective on Technology", in *Theology and Technology: Essays in Christian Analysis and Exegesis*, ed. Carl Mitcham and Jim Grote(Lanham, Md.: University Press of America, 1984), p. 118.

2) Terry Jo Ryan, "Report Sheds Light on Beliefs", *Waco Tribune-Herald Tribune*(8 October 2002): 3B.

옮긴이 소개

박성창은 경성대 영문과를 졸업하고 아세아연합신학대학원에서 목회학을 공부하였다. 현재는 Southwestern Baptist Theological Seminary 박사 과정 중에 있으며, 텍사스 주 알링턴한미침례교회에서 통역 및 대학부 사역을 하고 있다.

하이테크 예배

초판 발행_ 2006년 10월 10일
초판 5쇄_ 2015년 10월 15일

지은이_ 퀸틴 슐츠
옮긴이_ 박성창
펴낸이_ 신현기

발행처_ 한국기독학생회출판부
등록번호_ 제313-2001-198호(1978. 6. 1)
주소_ 04031 서울시 마포구 동교로 156-10
대표 전화_ (02)337-2257 팩스_ (02)337-2258
영업 전화_ (02)338-2282 팩스_ 080-915-1515
직영서점 산책_ (02)3141-5321
홈페이지_ http://www.ivp.co.kr 이메일_ ivp@ivp.co.kr
ISBN 978-89-328-2105-4

ⓒ 한국기독학생회출판부 2006

책값은 뒤표지에 있습니다.
무단 전재와 복제를 금합니다.